左遷社員池田リーダーになる

昨日の会社、今日の仕事、明日の自分

鈴木孝博

リーブル出版

目次

左遷社員池田　リーダーになる

昨日の会社、今日の仕事、明日の自分

プロローグ

「正直に言うてよろしいですか」

近藤喜和は、ようやくそう言った。サラダボウルからレタスの一片を箸でつまみ、口の中に放り込んだあと、しばらくまぶたを閉じて味を確かめていたのだ。愛嬌のある小さな目を閉じると、ゴツゴツした顔立ちが目立って男っぽくなった。

「頼むわ」

近藤に審判を促したのは大山一郎。近藤が味見したレタスにからむ茶色い液体を調合した本人だ。いつもは柔和な表情の丸顔に、緊張の色が漂う。

「やっぱり、僕にはようわかりませんわ。これ、油っこいポン酢と違いますの？」

ある意味、予想通りではあったが、近藤の反応に大山はずっこけた。

「あんたに聞いてもあかんわな。でもその『油っこい』という感想は参考になる。ほんなら、次は嘉子さん、よろしゅう頼んます」

と、大山は頼りになるほうの審査員、嘉子に味見を依頼した。

大山食味研究所は、神戸市東灘区御影の一軒家に居を構えていた。近くを流れる住吉川は、急流に加えて生活排水も流入しないため、市街地にもかかわらず蛍が棲息するほどの清流だ。この水が、灘五郷における酒造の一端を担っている。両岸には大規模な高級邸宅も多く、阪神間モダニズムの住宅地の一角をなす。大山は、「味を追求するにふさわしい」と、この場所を創業の地に選んだ。

社長であり、研究所の所長である大山一郎と、販売先を開拓する営業担当の近藤喜和、そして事務・雑用をこなす近所に住む女性社員三名が主要メンバー。社長夫人、大山嘉子が「研究所助手」として手伝うようになったのは最近のことだ。

舌の方はまるであてにならない近藤だが、大山にとっては、惚れ込んで、三顧の礼で迎え入れた大事なパートナーだ。周囲をぱっと明るくし、いい空気を持ってくる。すぐに顧客の心をつかんで、決して放さない。飲食店回りの営業から始めたはずが、問屋、スーパー、流通大手と、メーカーが持つべき販路をすっかり構築してしまった。人なつっこい話し方を聞いている限り、「切れ者」という印象は受けないが、とにかくその成果が素晴らしい。近藤の周りには、なぜか良い人が集まり、その良い人がまた別の良い人を紹介してくれる。そして、なぜかトクする情報が集まる。人柄と熱心さがそうさせるのだろう。

「わっ……めっちゃ美味しい。お醤油のとんがった感じがなくって、酸味もスッキリしてるわあ」

大きな目をさらにパッチリと見開いた嘉子が、そう感想を述べると、大山はメガネの奥の細い目を、さらに細くしてにっこり笑った。

「嘉子さんがそう言うんやったら間違いないな」

大山は、家では照れくさくて名前で呼ぶことなどないが、職場では意識して妻を「嘉子さん」と呼ぶ。公私混同したくなかったからだ。一方の嘉子も、夫の仕事場に首を突っ込むのはどうかと思っている。だが、夫が家であまりにも楽しそうに仕事のこと、近藤のこと、会社のことを語るものだから、我慢ができなかった。それにこの会社に出資したのは嘉子の実父なのだから、無責任ではいられない。いや、やっぱりそれは口実にすぎない。本当は自分も、夫たちの「夢の現場」に一緒にいたかったのだ。幸い、取り扱い商品は家庭向けのものであり、嘉子にも試作品モニターという活躍の場があった。

「これは、洋食もライスで食べたい日本人にピッタリやね。気軽な感じ。海苔とか、かつお節とか、そやね、梅とかシソとか、和の食材をサラダにしやすうなるわ。今までなんで思いつかへんかったんやろか」

感心している嘉子を眺めて、大山は満足していた。大山食味研究所の出世商品、「和風ドレッシング」はこうして誕生した。

「そうや。社長、今日はいい報告があります」

近藤が唐突に口を開いた。

「まず、西宮の『かもめスーパーマーケット』ですけど、フレンチドレッシングが好調で、倍増の注文をいただきました。それと……高田屋百貨店から、ついに新規取引ＯＫ出ました！　当社初のデパート進出ですわ！」

「ホンマか？　やったなあ、近藤さん。さすが、あんたは大したもんや。ありがとう、ありがとう。今何時や、もうすぐ五時か。よし、ほんなら今日はここまでにしよう。田中さん、吉田さん、岡田さん、今日はもうおしまいや。でも帰る前にちょっとこっち寄ってくれ。あの、ほれ、もらいもんのワインあったなあ？　あれ開けて飲もう。お祝いしよ。ワイングラスは……ないなあ、まあコップでええか――」

和風ドレッシングの出来に満足していたら、同じ日に、念願の百貨店進出が決まった。大山の喜びは並大抵のものではなかった。社員全員で――といっても六人だが、祝杯をあげた。大山は納戸から、商品撮影用のカメラを持ってくると、三脚を組み、セルフタイマーで記念撮影をした。大山、近藤を中心に、最高の笑顔がフレームに収まった。

有限会社大山食味研究所（のちの株式会社フリージア）、創業二年目の秋。大山は三十五歳、近藤は二十九歳。世の中は、ニクソン・ショック、第一次オイルショックを経て、少しずつだが確実に新しい時代が始まろうとしていた。一九七五（昭和五十）年十一月のある夕方だった。

第一章

池田、左遷される

理不尽な扱いを受けてもやる気を失わないために

1

「おやっさんが悪い。死んでしまうなんて無責任きわまりない。コンさんはもっと悪い。生きているのにフリージアを見捨てたんだから」

二〇一〇(平成二十二)年四月、株式会社フリージアの「上場準備室」という名の小部屋。一人しかいないのをいいことに、池田俊一は恨みごとを言った。

創業社長の「おやっさん」こと大山一郎が、くも膜下出血のため六十八歳で急逝したのも四月だった。もう一年になるのか——。その後は、副社長だった「コンさん」こと、近藤喜和が社長代行を勤め、社内外の混乱を収めた。しかし、近藤も六十四歳と高齢で、持病もあったため、あっさりと後継に道を譲り、会社から去ってしまった。それが去年十二月末のことだった。そこまではしかたのないことだと池田も理解している。

納得できないのは、今年の一月から就任している後継者だ。どこの馬の骨ともわからぬ白川雅人——本当は大山の娘婿だということは知っている——が社長になり、その盟友である山沢智彦が取締役経営企画室長として白川社長にはべっている。この「新ツートップ」が我が物顔でフリージアを取り仕切っているのが、池田には気にくわない。白川の前職は銀行員で、山沢は経営コンサルタント。二人ともキャリアや経営手腕は折り紙つきだという。——だけど、突然パラシュートで降りて来て、おやっさんとコンさんを中心にみんなで作ってきた企業文化を破壊している。池田にはそうとしか感じられないのだ。

池田の反発心を決定的にしたのは、今回の人事異動だった。

——四月より事業開発部から上場準備室への異動を命ず——

フリージアの事業の柱は、ドレッシングとソースの製造と販売で、これはしっかりと安定している。しかし、それはそれとして、常に新事業や新商品の企画を準備していなければいけない。それが大山前社長の考え方だった。だから大山は、十人規模で選りすぐりの企画集団「事業開発部」を組織していた。新規事業や新商品、新サービス、販売や宣伝のアイディアなど、企画に関することならなんでも任される「フリージアの頭脳」。池田はここに所属していた。

おやっさんに引き抜かれたんだ——池田が営業部から事業開発部に配属されたのは、大山の意向だと池田は思っている。大山は、経営幹部はもちろん、若手社員とのコミュニケーションも好んだ。抜き打ちで各部各課にやってきてはヒアリングをしたり、「月次報告会」では、部門長だけでなく中堅・若手社員を持ち回りで一人同席させ、業務内容を経営陣にアピールする機会を設けたりしていた。池田に月次報告会の順番が回ってきた時、一通り報告を聞いた後、大山が言った。

「池田君、報告はわかった。よう準備して来たな。さて、そこで質問なんやが、今聞いた販売状況は、うちのスローガンである『美味しさでもっと幸せを』に繋がっていると思うかい？」

普通、社長にこんな質問をされれば、誰だって動転しそうなものだが、不思議とそうならない。これはテストでもなんでもなく、大山の趣味なのだ。優しく微笑む大山に池田が答えた。

「これまで以上に売れることで幸せになるのはうちの会社の方ですね。でも、うちのドレッシングやソースは他社のものよりずっと美味しいので、お客様の幸せにもなると思います」

「そうか。『もっと幸せ』にするには、どうしたらええんやろな」

「そうですね。量を食べればいいっていうものでもないですから……。まず、食べたら健康になるものだったらいいですよね。それと、食べ方の提案じゃないでしょうか。新しいレシピとか。それと食べる場所ですね。こないだ、友人とバーベキューをしたんですが、外で食べるとうまいです」

「ああ、そうやな。ホンマや。あとは誰と食べるかによってもうまさは変わるなあ。大勢で食べるとうまいもんなあ」

そんなたわいない会話をかわした月次報告会の後、ほどなくして池田は事業開発部に異動になった。辞令を受ける時、大山から「自由な発想で、『美味しさと幸せ』を考えてみなはれ」と言われた。そのいきさつが池田には誇らしかったのだ。それが、まさかその数カ月後に卒中で倒れ、帰らぬ人になってしまうとは。

池田は、大山との約束を果たしたいという思いで、企画に取り組んできた。より健康志向を意識した一連の新商品群は、いずれ主力商品に育ってくれると期待している。そして今、池田が注力していたのが、惣菜レシピのウェブサイト「ハッピー・クッキング」だ。人気料理研究家と組み、栄養についての情報とともにレシピを公開していくサービスだ。調査の結果、これにはかなりのニーズがあることがわかった。すでに先行するレシピSNSはあるが、フリージアのような食品メーカーが、責任ある情報として発信していくことに意味がある。すぐに利益を生み出すわけではないが、会社やブランドのイメージ向上に貢献する。自社製品の広告宣伝の効果も高い。将来的には、会員顧客にメールマガジンで新商品やイベントのお知らせを届けることもできるし、ウェブサイトの人気が高まれば、「看板」による広告収入も視野に入ってくる。計画は順調に進んでいた――。

しかし、この四月の人事異動で、事業開発部員は十人から六人に減員となった。大山の肝いりだった事業開発部が四割減――。社内に衝撃が走った。その内の一人が、新設された上場準備室へ異動となった池田俊一だった。

辞令を受け取った三月の終わり、池田は事業開発部長の佐伯に聞いた。

「ハッピー・クッキングの引き継ぎはどうしますか」

「ハッピー・クッキングはこのままお蔵入りすることになった」

「――なぜですか？　正式な手続きを踏んで、進めてきたのに」

「山沢経営企画室長による再試算があり、最終的に白川社長が現在の経営方針にはそぐわないと判断した。私は君の企画書どおりに、メリットをあらためて主張したが、『コストと利益のバランスが悪い』『経営資源の選択と集中』と一蹴された。君の素晴らしい企画を実現できなくて、申し訳なかったな」

「そんな、部長は悪くないんですから、謝ったりしないでください」

池田にしてみればまったく納得できなかった。まるで「将来のことは経営者が考えるから、事業開発部ごときは、余計なことを考えなくてよろしい」とでも言われているようで、腹立たしかった。

そして――異動先の「上場準備室」というのがまたまったく意味不明なのだ。将来的な目標としてＩＰＯ――いわゆる「株式の上場」を打ち出すのはわかる。だが、今はまだ何も具体的な動きはない段階だという。フロアを区切って、上場準備室という小さい「室」は用意されたが、中の人員は池田一人だけ。すぐにやるべき業務は何かと問えば、「社内報の創刊」だと言うではないか。また同時に「社史を編纂し、沿革としてとりまとめること」も職務とされた。いずれも情報公開の準備だという。営業そして企画と、会社の花形業務を担ってきた池田は、そのラインから完全に外されたことに落胆した。それでも、少なくとも仕事をあてがわれたわけだから、近頃よく聞く「退職勧奨」ではないのだろう。それにしても――。

社内報を作るには、どんな手順が必要なのか。少しだけ気を取り直して、あれこれネットで調べているうち、無意識のうちに転職サイトを開いていた。バナー広告をクリックしていたのかも知れないが、池田は自分でも驚いた。今までフリージアを辞めることなど一度も考えたことはなかった。池田はライバル会社、ジーンバービーの求人を検索してみた。

「何考えてるんだオレは……」

あわててブラウザのウィンドウを閉じた。

2

志半ば、不本意な異動となった池田を励まそう——一応、この飲み会は、そういう名目だった。

「じゃあ、乾杯しましょうか。今日は傷心の池田さんをみんなで励ましたり、傷口に塩を塗ったりして、楽しく飲みましょう」

事業開発部の同僚で、池田にとっては大学の後輩でもある小林が乾杯の音頭を取った。大げさな会ではなく、気心の知れた中堅・若手の仲間を、小林が集めた。実際のところ、飲んでしまえば、みんな会の名目なんてどうでもいいのだ。変に腫れ物にさわるような扱いを受けるより、こうしていじってもらった方がずっといい——池田は小林の気づかいをありがたく思った。秘書室の小野田朋美を呼んだのは小林の趣味だろうか。以前から感じのいい人だと思っていたので、それもうれしかった。

「で、上場準備室では何をするんですか？　上場なんてまだまだでしょう？」

事業開発部に残った年若の笹木が話しかけてきた。

「うーん、まず社内報の創刊と、社史編纂をやらされるみたい」

「なんですかそれは。リストラ寸前の人がやる閑職じゃないですか。社内報は年二回刊くらいですか?」

「隔月刊だって。社史の方もやるとなると、一人でやるには、まあちょうどいい仕事量だとは思うけど……」

池田と入れ替わるように営業部に配属されている、同い年の山元が割り込む。

「なんだよそれは。どっちにしても、そんなの池田がやる仕事じゃないだろう。少ししたら、また営業に戻すように工作してやるよ。池田はコンさんに仕込まれたんだろ?もったいないよ」

「いや、『仕込まれた』は大げさだよ。コンさんが講師の研修には出たけど」

ある時期、かつて腕利きの営業マンだった近藤喜和前副社長を講師役として、社内セミナーが行われ、営業部にいた池田も受けたのだ。今は社を去った近藤もまた、大山と同様に社員から「コンさん」と呼ばれ——もちろん面と向かって言う者はないが——慕われる存在だった。長年、古武術道場に通っているという近藤は、六十代半ばにはとうてい見えぬほど立ち姿が美しく、誰にでも分け隔てなく気さくにあいさつをする礼儀正しい人だった。

「でも、コンさんの講義、特別なことは何にもなかったなあ。新人が受ける研修と同じ。身だしなみや、あいさつ、お客様の言葉を聞き漏らさず、きちんと要望に一つ一つ応えること、もしできないことなら、『ごめんなさい、できません』と謝ること。いろいろケーススタディもやったんだけど、要するにそれだけだったよ」

「池田は、いい時に営業部にいたよな。オレもコンさんがいた時は、よく声かけてもらって、いちいちやる気になったよ。今とは、全然違うよな」

山元が言うには、現在のツートップ、白川社長と山沢経営企画室長体制になり、営業部は常にピリピリしているという。

「はじめの二カ月くらいは、じっくり観察していたみたいで、何もなかったんだよ。三月くらいからだな。橘さんが飛ばされただろ？」

橘は「将来の社長候補」ともいわれる四十五歳。取締役営業部長を任されていたが、この三月に子会社の社長に追いやられた。

「ツートップは、えらく数字にシビアみたいだから、後任の今井部長なんか、いつも戦々恐々だよ。あの『ザ・体育会系営業マン』の今井さんが……。あれじゃ早晩、胃に穴が空いちゃうよ」


そのうちトータル・フーズと同じような会社になっちゃうのか――池田は思った。池田俊一は、中途採用でフリージアに入って八年目になる。大学を卒業して最初に就職したのは、大手食品会社トータル・フーズだった。誰もがうらやむ超一流企業で、池田は五年ほどいた。中堅のフリージアに転職すると言い出した時、友人たちは奇異の目で見た。あるいは、一時の気の迷いだと、なんとか思い留まるよう説得してくれる者もいた。しかし池田にとっては、気の迷いでもなんでもなかった。トータル・フーズは、完成しすぎていたのだ。社員の仕事は、外部委託先を管理する「監督」だけ。しかもその仕事の本質は、マニュアルを守らせることだけ。会社にリスクが及ばないようにするのが仕事だった。社員全員が、「一流企業の社員」という地位を守るため、毎日なにごとも起きないことを願って過ごしている。当時二十八歳だった池田には、一生をかけるのがバカらしく思えたのだ。

転職した当時のフリージアは、企業イメージの統一、いわゆるＣＩ（コーポレート・アイデンティティ）を断行してしばらくたち、順調に成長している時期だった。大山食味研究所からフリージアに社名変更し、新しいロゴマークや、『美味しさでもっと幸せを』というスローガンを掲げ、社員が一つにまとまっていた。ソースやドレッシングが主要商品で、大手の百貨店や、全国主要都市の拠点駅近くに出店し、品の良さと味の良さで注目ブランドになっていた。社名変更と同時に、本社オフィスを創業以来の兵庫県神戸市から、東京都渋谷区神宮前に移転。その立地も池田にとっては魅力的だった。トータル・フーズがあった中央区八重洲に比べ、神宮前は、若々しくファッショナブルで、活気にあふれる職域だったからだ。

「池田さん、元気出してくださいね」

居酒屋の座敷に場をもうけた飲み会には、いつのまにか十人以上が集まっていた。酔いが回り、ほとんどの参加者が会の趣旨などすっかり忘れて楽しんでいた頃、秘書室の小野田朋美がそう話しかけてきた。ぽっかり空いた池田の正面に、ビールのグラスを持って移動してきた。気をつかってくれたのだろう。

「社内掲示用の『人事発令』を入力して印字するのって、私の仕事なんです。ほんと、びっくりしたんです。上場準備室なんて、そんな部署ないのに」

ふだんあまり会話をする機会のない二人だったが、アルコールが心やすくさせたのだろう、小野田は無邪気そうな笑顔を見せる。まだ二十七歳だが、秘書室勤務という仕事柄か、三十五歳の池田と話していても落ち着いたものだ。

「本当だよね。オレもびっくりしたよ。でもまあこういうこともあるんだろうな。会社には」

「なんなんでしょうね……。最近、『人事発令』でモヤモヤすることが多いんですよ」

「そうなんだ。秘書室の雰囲気はどう？　怖いんじゃない？」

「そういうことはないです。白川社長も山沢室長も、すごく紳士的です。けっこう冗談も言われるし」

「あっそう。それは意外だな。いつも目をつり上げて、ガミガミ怒鳴っているのかと思った」

「それはないですよ。基本的にすごく静かで、執務中は、いらっしゃらないんじゃないかと思うくらいです。でももちろん、大山社長が生きていらして、近藤副社長がいらっしゃった時の方が、明るかったですよ。いつも、どこかから大きな笑い声が聞こえていましたから。お客様も多くて、活気があって。秘書室勤務としては、今の方がラクはラクなんですけどね」

小野田はいたずらっぽく笑った。池田は、ほろ酔いだったのもあるが、小野田のふっくらとしてツヤのある唇にぼーっと見とれていた。――何考えてるんだオレは……。

「どうしたんですか？」

「――いや、何でもない。なんか、今日の飲み会で、もう少しがんばってみようと思えてきたよ」

「本当ですか？　それは良かったです」

本当だった。男なんて単純なものだ。

3

「失礼します。社長、報告書はご覧いただけましたか？」

社長室に入ると、経営企画室長・山沢智彦が言った。

「はい、見ましたよ。室長」

社長の白川雅人は、デスクから応接テーブルへと移動しながら言った。五十二歳の白川は、言葉の調子とはうらはらに、鋭い視線を山沢に走らせた。動きはあくまでもゆっくりと——落ち着いた所作に見えるよう、意識的に心がけているのだろう。やや額を隠すように流した前髪だけは、その地位や年齢にふさわしくなかった。

「社長、その『室長』という呼び方はもったいないです。山沢君でいいですし、呼び捨てでも……」

「それは私の価値観に反するんです。人間、地位が高くなればなるほど、謙虚になっていかなくてはいけません。ましてや、室長には無理を言って来ていただいたわけですから、礼を欠くような態度はとれません」

「恐れ入ります、社長。ただ私にとって社長は、大学の大先輩でもあるので、本当に恐縮してしまうのです」

大学のゼミで先輩後輩の関係にあたる二人だが、年齢は離れている。四十三歳の山沢は、九つも上の先輩に持ち上げられて、かえって居心地悪そうに頭を下げた。しかし視線を完全に白川から切ることはない。「抜け目のない」という山沢の印象は、こういう視線の使い方にも理由がある。

「まあ、私なりの敬意の表し方なので、気になさらないでください。それより室長、そろそろこちらに来ていただいて二カ月になりますが、全体の状況は把握できましたか」

「まだ社員個々の能力まではつかめていませんが、組織の機能や、パワーバランスといったところは把握できたと思っています。先日の事業開発部縮小のように、まだバランスの悪いところがいくつか散見されますので、追って次善策を提案したいと思っております」

「さすがは国立大でＭＢＡ[※1]を取得された敏腕コンサルタントですね。問題点のあぶり出しが速い」

白川は少し背を反らし、下目使いに山沢を見た。

「いえ、ＭＢＡでしたら、海外で取得された社長の方がずっと難易度が高いわけでして……」

またこのやりとりか――山沢は思った。白川は、満足げな表情を浮かべながら言う。

「ほめ合うのはやめましょう。ＭＢＡを持っているだけでは意味がありませんからね。実際に経営の場で生かしてこその知識です。ところで、次の改革ポイントはどこになる

※1　経営管理学修士。経営学修士。米国で、ビジネススクールと呼ばれる大学院修士課程で経営学を専攻・修了した者に与えられる称号。実業界で重要視され、ＭＢＡの資格がエリートの条件ともいわれる。

とお考えでしょうか？」

　脚を組んで白川が言った。

「やはりまだ理念ばかりが先行し、数字の裏付けが後回しにされる企業体質が気になりますね。大山氏・近藤氏の経営は、昭和期の成功に基づくもの。平成に入ってからは、ロマンチシズムに偏っていたというのが、私の現時点での印象であり評価です。そして、二人に心酔している幹部や幹部候補は、反乱分子になりかねません。橘君、池田君と、目立つ個人から手を着けましたが、組織のいたるところに甘さを感じます」

「室長のご意見におおむね賛成です。ただ、こればかりは、あまり焦ると元も子もなくなります。新しい方針と、それによる成果を存分に見せつつ、少しずつ教化していくべきでしょう。橘さん、池田さんの今後の活用も含めて、もう少し詰めて考えてみてください」

「かしこまりました、社長」

　山沢は経営企画室に戻り、今のやりとりを頭の中で反芻してみた。何をやれと言われたのだったか……。特に何もないな。おそらく自分がやりたいことをやりたいように提案すれば、あの社長は追認してくれるだろう。

　山沢は、営業部長だった橘が、月次報告会で見せた態度を思い出していた。

以前は部門長以外の課員も出席し、発表させることがあったというが、白川と山沢は一致してこれに反対、廃止した。結果、部門長による報告のみとなった。トップとボトムのミーティングを毎月やっているヒマはないというのがその理由だ。

今年二月の月次報告会では、営業部の売り上げが予算を大きく割り込んだことが問題になった。

「橘さん、この数字の説明をお願いします」

白川から切り出した。言葉は穏やかだが強い圧があり、取締役営業部長の橘は一歩後ろに退いたほどだった。

「今月は、イレギュラーなことがありました。小川百貨店の売り場変更があり、それに合わせた要望に応えきれなかったのが大きく影響しました。来月からは軌道に乗るものと思います」

「それは言い訳ですね。説明はそれだけですか？」

白川が突っ込む。さらに山沢が白川発言にフォローを加える。

「この結果が出てしまうと予測できてから、どんな手を打ったかを説明してください」

「今回の件については突発的でしたので、それを穴埋めする手だてを講じることはしておりません。他のチャネルに向けては順調に推移していますので、通期では予算を十分上回ります」

「それであれば、来期予算は見直しも視野に入れてよく詰めて考えましょうか」

この白川の総括に橘は面食らった。顧客にも、売り場を変更したり、企画を催したり、都合というものがある。すべてが自社の思うようにはならない。それを、一部の顧客、単月だけでもマイナスがあれば非難され、事情を話せば「言い訳」の一言で片づけられる。それでは、ただ数字を見ているだけではないのか。橘は、大山や近藤が大切に育ててきた月次報告会が、「表計算のシート」以上の役割を果たさなくなってしまったことが悲しかった。だから意見を言おうとしたのだ。

「社長、月次報告会のあり方ですが……」

「そのことでしたら、以前にも方針の変更とご説明したはずです。人が変われば、やり方も変わります。トップが変われば会社も変わるのです。よく詰めて考えた結果とご理解ください」

社長の白川の、その一言を聞いて、山沢はさすがに経営が理解できていると思った。橘は、前の経営者に心酔するあまり、変化への対応を拒絶してしまっている。自分の目標未達への責任は認識できず、「しかたない」の一言で片づけようとしている。このタイプの部門長が販売セクションのトップにいることは危険だ。すぐに進言し、人事発令しよう――。

山沢は満足感を得ていた。自分の知識と経験を、実際の企業経営で生かすチャンスを与えてもらった。そして多くの人に知られた有名な企業を、自分の意のままに動かし、これまで以上の成功をもたらす。そのビジョンに高揚感を覚える山沢だった。当面の目標はＩＰＯ。株式の上場までは、思いっきり突っ走ってみよう――そう決意を新たにしていた。

4

それにしても、なんで社内報なんだ？――池田俊一は、あらためて悩んでいた。おやっさんやコンさんは、なにかというと「目的はなにかを考えろ」と言っていた。会社のスローガンは『美味しさでもっと幸せを』だから、営業でも、企画でも、いつもそこに立ち返ればよかった。しかし社内報は、美味しさとは関係がない。

――まあ、この会社で働いていることに、幸せを感じられるようなものにすればいいってことだな――ようやくそこに池田の思考は落ち着いた。しかし、今池田はこの会社で働いていることに幸せを感じられずにいる。皮肉なものだ。

またネットでキーワード「社内報」を検索してみる。いろいろなノウハウがあるものだ。コストをかけずに、ウェブマガジンや電子データで「電子社内報」にしている例も多い。逆に電子社内報だった会社が、あえてまた紙の社内報を復刊させた――そんな記事にも巡り会えた。ぼんやりしながらいろいろとネットの情報を眺めていたら、どうしたことか、いつの間にかまた転職サイトを開いていた。きっと広告が表示されやすくなっていて、知らず知らずクリックしてしまっているのだ。人の気配を感じて、あわててブラウザを閉じた。振り返ると、清掃の係の人だった。

フリージアのオフィスでは、いつも夕方、従業員の退社時刻が過ぎる頃になると、ビルの清掃の係がやって来て社内の清掃が始まる。清掃員に対して見下した態度を取る人がいるが、池田はそういうのが大嫌いだった。それはおやっさんやコンさんがもっとも嫌うことでもあった。

「ご苦労様です」

いつものように声をかける。――いつもの人ではないな。軽く会釈をする。その後の清掃員の行動は意外なものだった。かぶっていたキャップを外し、ホコリよけのゴーグルを外し、マスクを外す――。

「こ、こ、近藤副社長?」

池田は、思わず立ち上がって叫んでしまった。その清掃員の正体は、病気療養のため、白川に社長職を譲り、社を去った前副社長にして社長代行・近藤喜和だったのだ。

近藤はうろたえる池田に対して、口の前で一本指を立て、「シー」と音を発した。部屋には池田しかいなかったが、池田は小声で話しかけた。

「副社長、お体の具合はいかがなんですか？……なんで清掃員の格好なんてしてるんですか？　お元気そうですね。良かった。また会えてうれしいです。本当、良かった、会えて……」

小声で話しかけている間じゅう、近藤はゴツゴツした面長の顔に微笑みを浮かべて、うん、うんとうなずいていた。ぽたぽたと足下に水滴がたれるのを見て、池田は自分の両目から涙があふれていることに気づいた。それを見た近藤は、池田の肩をぽんぽんとたたいてやった。池田は思わず近藤に抱きついてしまった――。

我を取り戻して、もう一度近藤に聞いた。

「副社長、なんで清掃員の格好なんですか？」

近藤は、軽く右手を上げて池田を制し、シャツ型作業着の胸ポケットからメモ用紙とペンを取り出す。

「お声の具合が悪いんですね？」

うん、うんとうなずきながら、さらさらと文字を書いた。

――まだやめるなよ！

続けてまた書いた。

――助けてほしいんだ。まずこのノートを読んでくれメモを見せると、シャツの中に隠し持っていたノートを取り出した。子供の頃によく見たジャイカノート学習帳の「じゆうちょう」だ。表紙をめくると、几帳面な文字がびっしりとページを埋めている。

「わかりました。読みます」

近藤はもう身支度を整え始めている。背格好はまさしく近藤だが、帽子、メガネ、マスクまでしてしまえば、まさか近藤だと気づく人はいない。近藤はゴミ回収のカートを押しながら、手を振って部屋を出て行く。

「ありがとうございました。読んでおきます」

その背中に向かって池田が言った。

第二章

池田、立志する

思うように評価されないときの対処法

5

池田の住まいは、麻布十番にあった。独身者にちょうどいいサイズのマンションを借りている。神宮前のオフィスからもそれほど遠くない。近所には飲食店も多く、単身赴任者も住んでいて、独身の身には住み心地がよかった。いつもなら、どこかで一人飯をして帰宅――ということが多いのだが、今夜は違った。思いがけずに近藤に会い、謎のノートを渡されたのだ。近藤との思いがけぬ再会は、涙が出るほどうれしかった。これは自分でも意外だった。早くこのノートを読みたい。だから、コンビニでおにぎりと惣菜だけを買い、部屋に入った。

池田君

さて、前置きは抜きにして本題に入ります。

フリージアの今後について、僕に考えがあって、それで君に助けてもらいたいと考えています。

簡単に言ってしまうと、白川社長、山沢室長の二人にフリージアを任せておくのが、とても心配なんだ。少なくとも、任せっぱなしにはできない。もちろん二人による経営がうまく行ってくれればいいが、このままだと残念ながら、その可能性はあまり高くないんじゃないかと思っているのです。

なぜか。まず、彼らは知識豊富が災いし、自信過剰のきらいがある。だから、道を間違った時に立ち止まれず、行き止まりまで突っ走って、カベにクラッシュしてしまう危険性を感じる。

次に、彼らは自分たちと異質なもの、自分たちの知らないものはすべて、「ダメなもの」と決めつけて、徹底的に排除する傾向がある。エリートゆえの視野の狭さであり、打たれ弱さでもあるんだ。それをやってしまうと自分自身が成長できない上に、間違った海図を見ながら、間違った行き先にたどり着いて、行方不明になってしまうんだ。

もう一つ、フリージアの側にも心配なことがあるのです。僕たちが注入した、大山イズム・近藤イズムは、彼らの近代的、西洋的な知識と、ときどき対立してしまうんだ。僕はね、経営哲学というものは、つきつめていくと、新しいも古いもないし、洋の東西もないと思っているんだ。とても普遍的なものだと。だけど、最近の学問は、手っ取り早く結果を求めようとしすぎるために、時々「大事なこと」を置き去りにしてしまうんじゃないかと思うんです。

すまないね。今はまだ何が言いたいのか、よくわからないかもしれない。少しずつ着実に進んで行くつもりだから心配はしなくていい。ともかく、わかりやすくするために極端に表現すると、僕たちが残したフリージアのＤＮＡと、現在の社長・室長のＭＢＡ仕込みの理論が衝突して、空中分解してしまう心配があるということなんだ。

それでこれから君にやってもらいたいのは、フリージアがクラッシュだとか行方不明だとか空中分解にならないように、君にハンドル（舵でも操縦桿でもいいんだけど）を握って欲しいんだ。ただそうは言っても、君はまだ運転のしかたを習ったこともないし、どんな乗組員とともに進んだらいいかもわからないはずだ。それを僕が教官になって指導しようと思っているんだ。もちろん、僕自身が運転できれば一番なんだが、なにぶん声が出ないのでお話にならないんだよ。

今はまだ差し迫った状況にあるわけではない。準備期間は十分にあると思う。でもね、本当は大山社長が亡くなる前から、いざという時にあわてないよう、ちゃんと後進を育成し、準備しておかなくてはいけなかったんだけどな。とにかく、君なら必ず僕の期待に応えてくれると信じているし、君にしかできないことだと思っている。

さて、具体的なアクションを説明する前に、君が今感じている疑問点に答えておこう。まず「なぜ声が出ないか」だ。といっても、実はよくわからないんだ。先生の診断は、疲れが原因の「胃けいれん」ということだ。不思議なこともあるもんだな。ちなみにまったくしゃべれないということではないんだ。声が出る時もある。ただ出るか出ないか気をもんで生きるのもしんどいし、ムリに声を出そうとすると余計に疲れる。とにかく疲れが悪いそうだから、今はしばらく声が出ないものとして、胃から喉にかけての広い範囲をいたわってやることにしたんだ。大山社長が亡くなって、あの状況ではどうしても僕が一人で踏ん張るしかなかった。正直、老体には辛かったし、へとへとに疲れた。しばらくは精神的にも穏やかに過ごし、体も十分に休養を取れば必ず治ると先生は言っているので信じて療養しているのだ。

だけどやっぱり、この状況で自分の半生を注いだ我が子のようなフリージアのことを忘れることはできないんだよ。社長代行として走りまくった頃、社長ご逝去直後に比べれば、今は精神的にも肉体的にもずっとラクになったよ。

それで、次はなぜ清掃員なのかだな。まあ、ビルの管財会社に清掃員として雇ってもらったということだよ。病気に気をつかってもらったようで、ゴミの回収や、切れた電球の交換といった比較的ラクな仕事です。その一方、フリージアの現状を調査して回るには、こんなに適した仕事はないんだよ。もちろん誰にもわからないようにしている。今後もしばらくは、君以外に正体を明かすつもりはない。

それと、次は君のことだ。自分自身、経営者になんてなれるのか？って心配しているんじゃないかな？　今までそんなつもりはなかっただろうしな。すぐに君にフリージアの社長になってもらおうなんていう話ではないから、その点はまず安心してくれ。もちろんゆくゆくは、君が社長になれるだけの力をつけることはできると思っている。どちらかというと、僕のような「ナンバー2」のタイプだと思っているんだけどな。

なぜ経営者に向いていると思うかを教えてあげよう。君がフリージアに中途入社で入ってきた時、僕が面接をしたのは覚えているだろう？　あの時、君は「燃えていたい」って言ったんだ。前にいた一流企業には燃える材料がなかったってね。そういう考え方をする人は、経営者の素質がある。進歩と成長を目指して、率先して歩く人が経営者に向いているんだ。僕もそういう人間だったから、一流企業を辞めて、大山社長について行った。大山社長もまたそういう人間だったなあ。前の仕事と決別して、決断して、大山食味研究所を創設したんだ。だから、君も焦らずに、着実に自分のものにしていけば、必ずいい経営者になれるよ。いい経営者ってどんな経営者だと思う？　それもまた、これから自分で見つけ出して行ってくれるとうれしい。

さてここまで書いて、僕には答えがわかっていることではあるが、一つだけ質問をして第一回目のノートを締めようと思う。

Q　池田君、フリージアを助けてくれますか？

追伸　返事は携帯メールあてでもいいよ。アドレスはこちら――。

近藤

6

池田は、ここまで一気に読んだ。震えるくらいに興奮している。尊敬する、大好きなコンさんから、新たな後継者として指名された――そうなのだろうか。まだ今ひとつ、自分が何をするのかがわからないのだが、とにかくフリージアを助けるという使命を与えられた。経営者になれと言われた。これが興奮せずにいられるだろうか。

一度窓を開けて、夜気に身をさらした。少し冷静になると、急に空腹を感じた。急いで粗末な夕食を摂り、ノートの新しいページを開いた。ＰＣ、タブレット、スマホばかりの毎日。なかなかまとまった文章を手書きする機会がない。でも面倒なはずの手書きが、今夜はやけにうれしい。

近藤様

なんとお呼びするのが良いのでしょうか。私にとっては、たとえ役についていなくても近藤副社長なのですが、よく考えるとそれもおかしいので、近藤様と書きました。コンさんでもいいですか？ 私、心の中でいつもコンさんとお呼びしていました。ご存じかも知れませんが、会社のみんなもそうです。私たちにとっては、永遠におやっさんとコンさんなんです。

さて、先にご質問に答えます。

Ａ　もちろんです。私にできることを全力でします。

これからどんなことが待ち受けているのかわかりません。簡単なことばかりとは思えません。でも、不謹慎と思われるかも知れませんが、これから何が起きるのか、ワクワクして、しかたありません。

どうぞ厳しくご指導くださいますよう、よろしくお願いいたします。

今後急ぎの時は、携帯アドレスにメッセージ入れます。

池田

とりあえず、「よろしくお願いします」とだけ書いたメールを近藤あてに送り、アドレスを知らせたが、近藤からの返事はなかった。

翌日、池田は社内報の形を整えようとした。まず概要を企画書の形にした。ざっくりとしたレイアウトを決め、内容の案を書き出し、原価計算を記載した。

それと、社史のとりまとめを行う上で必要になる資料に関して、総務部と打ち合わせをするなどして過ごした。社史用の資料は、ある程度秘書室が管理していることがわかり、取り寄せを依頼した。しばらくすると、小野田から内線があり、そろっている分を届けてくれた。他にも資料はあるようで、そろい次第、都度届けてくれるという。意外なところで小野田との接点ができて、社史編纂も悪くないなと思う池田だった。

「何考えてるんだオレは……」と、誰もいない部屋で独り言を言った瞬間、「例の清掃員」がやってきた。池田がノートを渡そうとすると、片手を上げて制して、ポケットから小さいカギを取り出した。それを池田のデスク引き出しの上部につっこんで回す。引き出しを開けると、そこに近藤が持参してきた二冊目のノートを滑り込ませた。

しばらくその様子をぽかんとして見ていた池田だが、ノートは二冊でやりとりするということ、受け渡しはデスクのカギ付きの引き出しで行うこと、近藤は合いカギを持っていることが理解できた。指でオーケーマークを作り、近藤にノートを手渡す。近藤は、手早くゴミを集め、部屋を出て行った。

「ご苦労様です」

その背中に池田は言った。

池田君

ノート一冊だと連絡に時間がかかりすぎると思い、もう一冊用意しました。いやもちろんメールの方が早いよな。池田君は、どうぞメールで連絡してください。うん、正直に言おう。僕はメールとか、機械で文章を作るのが苦手なのだ。読むのは簡単だから問題ないのだけど、打つのは時間がかかってしかたないのだ。みんなからは慣れれば早くなると言われるのだけど、まあこうして字が書けるんだからいいじゃないか。

さて、それはそうと、君にやってもらうことだが、基本的に社内報の編集長として、社内外の人物たちに取材をしてほしいんだ。といってももちろん誰でもいいわけじゃない。人選は僕がする。まず一人目は、前営業部長で、現在は子会社に「島流し」になった橘君のところへ行って欲しい。名目は何か適当に考えてもらうとして、「経営者修行」の本題は、橘君がフリージアに入るまでの経歴を聞いて欲しい。そして、君が何を感じたかを聞かせてくれ。

近藤

ついに具体的なアクション指示が来た。時間が少し遅いが、急いで子会社のフリージア・サプライに電話した。橘への取材アポは明日で取れた。

7

橘勇一郎、二月にフリージアの百パーセント子会社、株式会社フリージア・サプライの社長に就任したばかり。親会社がある神宮前ではなく、中央区新富町にある。橘の前職はフリージア・営業部長だったが、池田の在籍期間とは重なっていない。ただ、何かの会議で一緒だった記憶はある。

「池田です。お邪魔します」

「おお、久しぶりだね。ボロいビルで、驚いたんじゃない？」

正直なところ、その通りだった。白川社長が、神宮前より家賃が安いという理由で、ここ新富町の古いビルに移転させたというが、ここまで古いビルとは。

「で、社内報？」

「はい。社内報を創刊することになりまして、その準備を進めています。橘さんにも是非ご意見をうかがいたくて、押しかけました」

「でも、オレは子会社だよ。一応まだフリージアの取締役でもあるけれど、社内では『島流し』って言われているんだから。場違いじゃないのかな」

と、自虐ネタを言う割には、屈託がない。池田は、以前、会議でのことを思い出した。橘を攻撃するような意見が出されても、感情的になることなく、明るい声の調子のまま振る舞っていた。他の出席者とは明らかに違う印象を受けたものだ。

「いいえ、社内報はグループ全社員が対象ですから、ご心配には及びませんよ。編集長としては全社を直接知っておく必要がありますので」

「ああ、そういうことか」

橘は、快くフリージア・サプライの業務内容から話し始め、やがてフリージアに来た経緯についても口を開いてくれた。


聞いてみれば、意外な経歴の持ち主だった。橘勇一郎、四十五歳。大学を卒業後、大手一流総合商社に入り、若手リーダーとして活躍。が、三十一歳の時、突如としてイタリアンレストランの接客担当に転身。グルメ好きが高じてのことだと、こともなげに言う。池田自身は、その店に行ったことはないが、名前は知っている。

「『ヴィータ・フェリーチェ麻布』……有名なお店ですよね。テレビでもよく紹介される——デパ地下に、ケーキのお店出していましたっけ?」

「そうそう。まあ、イタリアンレストランの老舗だからね。口の肥えた常連さんが多くて……。あの時代は本当に勉強になったよ」

橘の話では、接客担当を三年やった後、グループ五店舗の営業担当責任者を任されたのだという。

「老舗レストランの要職から、フリージアに入社されることになったきっかけは何だったんですか？」

池田は近藤から与えられた「本題」に斬り込んだ。

「それを話すと長くなるぞ」

橘は表情を崩した。彫りの深い端正な顔をしているが、表情が豊かで気取ったところがまったくない。スキだらけにさえ感じる。

「ええ、社内報に書くとか書かないとかに関係なく、面白そうなので」

池田も本心をさらして言った。橘の長い話を要約するとこうだ。

大山がレストランの常連だった。ある夜、夫妻で食事中にチンピラが入って来た。傍若無人な振舞いをしていたので、橘が対応しようとしたが、その前に大山がさっと立って、紳士的に注意をした。しかしそいつが怒鳴り散らしはじめた。ようやく橘が割って入って、大山を逃がした。

後日、橘は大山の家に謝罪に行き、「もう二度と店にチンピラが来ることはないので、どうかまた来てください」と頼んだという。なぜもう二度と来ないと言い切れるか。

「なぜそいつが店に来たのか。実は、こちら側にも思い当たるフシがあった。池田君の年代だと微妙にわからないかも知れないが、当時はまだ今のように、『反社会的勢力による被害を防ぐために、断固たる対応を』なんていう言い方が存在しない時代だった。今はもう警察も含めて、社会全体として変わったけれど、昔はトラブル対策として、そういう人たちにニラミをきかせてもらおうという考え方があったんだ。もっと昔だと、繁華街に店を構えるには、事実上『裏社会の許可』が必要という時代もあった。その若いのは、ちょっと笠に着すぎてしまっていたんだ。

その事情がわかったので、オレはちょっとその拠点に話をしに行ったんだ。お詫びしに行くからとウソを言って、場所を聞いた。責任ある人から、その若いのにお灸を据えてほしかっただけなんだけどね」

「いや、でも、普通行かないですよね？」

「そうかな？　でも行かないと、どうせまた来るからなあ。――それにそっちの方が面白いだろ？」

「お、面白いですか？」

理屈ではわかっていても、理屈の通らない相手のところに行くだなんて、自分には考えられない――池田は思った。

「まあ筋はこちらにある話だから、そこのボスも聞いてくれた。悪かった、今後迷惑はかけないって言ってくれたんだ。まあ、そういうもんだろ。

聞く耳を持ってくれそうな人だったから、さらに申し入れたんだ。『昔ながらの繋がりを断ち切らせてもらえないか』とね。用心棒システムは、すでに形骸化していたから。そのボスは、意外なほどあっさりそれも認めてくれたんだよ。

恐怖がないと成り立たない関係なんだ。実際、その場で脅されたり、危害を加えられたりしたら、逆にやりやすくなるとオレは思っていたし、こんな小さなレストラン相手に問題を起こせば、その小さな事務所は、上に目をつけられる。こっちが単身で乗り込んだ時点で、実はこっちが相当有利だと踏んでいたんだ。そんなもんを袋叩きにしたとあっちゃ、名を落とすのは向こうだろ？」

「なるほど……」

とは言ったものの、池田にはまったく現実感がなかった。そんなとんでもない問題が起きても、冷静に勝機を見積もっていたという橘に驚いた。

「まあ、今とはまた時代が違うから。あんまりおすすめはしないけどな」

「そもそも普通に生活している分には、そういう機会もありませんよ」

「まあな。帰り際、ボスから『これからは、我々も時代に合うように商売を考えなきゃいけない。あんたみたいな頭がキレて、根性のある人に、うちの若い衆を教育してもらいたいのだが』と、スカウトされた。それで借りを返させてくれって言ってね。さすがに、それだけは……と丁重に辞退させてもらった。でも、その組事務所の電話番号とボスの名前だけは、携帯の機種を変えてもずっと持ってるよ。連絡することはないが、『魔除け』としてね」

「恐れ入りました」

「この話、実はおやっさんにも詳しくはしていないんだ。ただおやっさんなら『二度と来ない』という言いまわしで、オレが何をして来たのか、ピンと来たと思っているよ。それからすぐのことだったな。フリージアへ来て欲しいとアプローチをかけられるようになったのは」

「いやあ、想像していたとおり――いや、それよりはるかにすごいお話でした」

「どう想像していたんだよ。まあそういうことだ。どうだ？　チンピラだとか、組事務所だとか、社内報にピッタリの『ほのぼの情報』だろ？」

「どこがですか！」

「絶対に、載せてくれよな」

「載せられるわけがないじゃないですか」

長い話のあとで、橘と池田は大笑いした。妙に波長が合ったのは、二人とも「おやっさんとコンさんのフリージア」で生きて来たからだろうか。時間も遅くなり、「延長戦」は社外で、軽くアルコールを入れながらということになった。

8

駅近くのカフェバーで、ビールを飲みながら聞いた話では、その後、大山は橘を見込み、オーナーシェフに何回も談判し、直々にフリージアへスカウトした。オーナーシェフは、初め丁重に断っていたが、最後は橘のためになるのなら――と泣く泣く折れたという。橘、三十八歳のことだった。橘の希望もあり、平社員としてスタートした。暗黙の幹部候補生ではあったが、大山は橘に対してはもちろん、社内外に対して一言も将来を約束するようなことは言わなかったという。

フリージア入社後は、社内各部に配属され、当然のように出世し、大山が亡くなる直前についに取締役に就任、営業部長を兼務した。大山の急逝による取引先の不安を、近藤とともに東奔西走して抑えたのだそうだ。

そして、白川と山沢の世となり、現在の憂き目に至っているのか。橘が本体・フリージアの非常勤取締役にとどまっているのは、それで「制裁」は十分、全社引き締めの効果もあったということだろう。

「しかし、子会社といえども一つの会社。社長となれば、従業員だけでなく、社会への責任が生まれる。これはこれで勉強になる。なってみないとわからないものだよ」

「それはそうかもしれないですね」

「とはいっても、以前のような忙しさはないから、この機会に、会計とマーケティングの勉強をしているんだ。夜、講座に通ってね。まあようやく今、自分がいる場所を認識して、受け入れられたということさ。どんな経験にもムダなものはない。そう思えばいい。そっちの方が面白いだろ?」

池田は、上場準備室に異動を命じられてからの自分の心の動きを思い出していた。近藤が自分を必要としてくれたから、今こうして立ち直っているが、もしそれがなかったら自分はどんな気持ちで過ごしていただろうか。日々、何をしていただろうか。

ふと、橘はスーツの胸ポケットからペンを取り出すと、紙ナプキンに文字を記した。

——随所作主　立処皆真

「聞いたことある?」橘が尋ねた。

「いいえ、ありません」

「そうか。これは『随所に主となれば、立つところ皆真なり』などと読み下す。禅の教えなのだそうだ。禅の解釈は難解だが、オレは『いつでも主体的であること』と単純化して胸に刻んでいる。池田君も、今はいろいろ思うところがあるだろうが、大丈夫だ。決して物事を受け身にとらえず、自分で切り開こうと努力していれば、必ず見ている人はいるし、最後はわかってもらえるから」

はい――と返事ができていただろうか。池田は自信がなかった。この人にはすべてが見えているのではないか。近藤が陰で会ってこいと言ったことさえわかっているのではないか。あるはずのないことまで想像した。今の池田に必要な言葉をくれたことに感謝の気持ちがこみ上げる。同時に、橘がいかに大きな器の持ち主であるか、感じざるを得なかった。

結局、ちょっと一杯のはずが、ラストオーダーまで、そのカフェバーで話し込んだ。ソーセージや生ハムやら、大して食わなかったが、空腹を感じないほど話に夢中になった。喉を潤すためのビールがかさんだからかも知れない。

池田が意外に思ったのは、現在のフリージアについて、橘が非常に冷静に見ていることだった。

「白川社長も大変だろう。売り上げが伸びていないからな。主力のソースとドレッシングは順調だが、独自色が薄れ、価格競争に引きずり込まれている。新しい魅力ある商品を投入できていないから、営業も自信がなくなっている。どうやって企画を出すか。その部分は、社長と室長の知識はあまり生かせないんだろうと思うよ。効率や計算とは関係ないところにも、収益の源泉はあるものだからね」

橘の言葉が、池田の腹にストンと落ちた。事業開発部での仕事をコストと言われてしまうとたまらない。バランスの問題はあるにせよ、「コスパ」で語れば、企画ほど割に合わない商売はない。さらに橘が指摘したのは、管理に偏った白川の方向性だ。コストとパフォーマンスの「上がった下がった」をチェックするのは、管理の基本だから重要なのは当然のこと。ただし「そこに数字が存在するのはなぜなのか」を忘れてはいけない。白川社長の方向性だと、壁が来るだろうと予言した。

「ただ、おやっさんとコンさんの成功体験にとらわれすぎていても、やっぱりダメなんだ。品質改善や商品開発のペースを上げる必要があるということだね。白川社長だって優秀な人だから、気付いているはず。それなのに力のかけ方が偏るのは、『素人に余計な事されては困る』という、ベテラン社員たちの視線や感情と戦っているからじゃないかな。本当の敵はそこじゃないんだけどね」

橘は、白川社長について、感情的にならずに、冷静な評価をしている。そのことにもまた池田は驚き、頼もしく感じた。

コンさん

橘勇一郎さんとたっぷり語り合いました。とても安定感のある、一言で表すなら「大きな人」でした。

なぜコンさんが、橘さんに会ってこいと言ったのか、よくわかりました。私も橘さんを手本にして、頼りがいのあるリーダーを目指します。

池田

翌朝、デスクの引き出しを開けるとノートが入っていた。昨日夕方、不在の際にコンさんが入れておいたものだ。

池田君
橘君の取材は有意義だったろうと思います。次の取材対象は、営業部の今井部長を頼む。彼が今、どんな気持ちでいるのか。その立場になって考えてくれ。
コンさん

コンさん？——そう直接呼ばれたのがうれしかったのだろうか。通信の最後のサインに池田は思わず微笑んだ。さっそく今井に取材依頼をする。忙しいと迷惑がられたが、夕方少しならと許してもらえた。

その日、池田はＩＣレコーダーに録音した橘の話を、記事にする作業に没頭した。といっても、社内報にのせる子会社の話題は、ほんの少しの文字数しかない。主要な業務内容や、会社の組織、陣容。そして目標と取り組み。最近の良いニュースと課題。それだけでいっぱいいっぱいだ。慣れた記者ならあっという間の作業だろうが、慣れない池田には一日仕事になってしまった。

今井への取材の前に、池田の部屋に掃除のコンさんがやってきた。さっと片手を上げて池田を制す。池田が手渡したノートを受け取り、ページを開く。しばらくそのページを見た後、胸のメモ用紙にペンを走らせた。

――いくら学習帳だからって、小学生みたいな感想を書くなよ！　フリージアのハンドル握っていることを忘れるな！

池田はそのメモを読むと恥ずかしさに赤面した。すでに部屋を出て行こうとしている近藤の背中に言った。

「すみませんでした。ご苦労様でした！」

9

営業部、今井部長への取材は、営業部のフロアにあるミニテーブルで行った。今井は、池田が営業部にいた時の先輩で、当時は二人でよく飲みにいった。社内報用のインタビューの間、今井はハキハキと明るい表情で受け答えをした。学生時代は体育会ゴルフ部で主将を経験したというだけあり、感じの良さは天下一品。今風なアレンジの短髪も若々しい。

――ありがとうございました。そう言って池田がＩＣレコーダーのスイッチをオフにすると、今井はふーっと息を吐き、その瞬間三十そこそこに見えたルックスが、年齢どおりの三十九歳に老けた。

「今井さん、浮かない顔ですね」

と池田が突っ込んだ。

「バカお前、当たり前だろ。毎日オレがどれだけ針のむしろにさらされているか、知らねえだろ」

外ヅラと内ヅラでガラッと変貌する。その器用さにいつも池田は感心する。今井は買っておいた缶コーヒーを池田にもすすめた。はじめは口数が少なかったが、ポツリポツリと月次報告会でのやり取りについて話し始めた。

「オレさあ、『バカ野郎、何やってんだ！』って怒鳴られて、『すんませんでした！』って謝る世界ならまだ全然オッケーなのよ。だけどな、『それはなぜですか』『それでは答えになりませんね』ってネチネチやられるのは、ほんっと、ムリムリムリムリ絶対ムリ！　どうすりゃいいんだ　あれ。お前はわかるだろ？　営業の仕事なんてのはよう、お客様のところに足繁く通ってな、要望を引き出したり、消費者のニーズに変化はないかとか、売り場の雰囲気に変わりはないかとか、担当者さんとライバルとの関係に変化がないかとか、そういうのを感じて、注文をとってくる——それがオレたちの仕事だろ？　な？　そうだろ？」

「今井さん、ヤバイですよ、居酒屋じゃないんですから。もっと小さい声で」

「そうかそうか。あぶねえ。だから……なんだっけ、あ、そう、あの社長な、オレにどうすればもっと売り上げ伸びるのかって聞くんだぜ？　それってオレらだけの責任じゃないだろ？　全然、目新しい商品も企画もなくてさ。これじゃ援護なし、爆弾なし、鉄砲だけで戦えって言っているようなもんだろ？　弾はもうねえしさ。要員も増やさねえしさ。気合勝負は得意だけど、限界っつうのがあるだろうよ」

「いやあ、今井さん、ぶちまけましたね」

「バカお前、からかってんじゃねえぞ。ほんっと、どうかしてるんだから。それに、お前がいた頃の営業部は、結果が出てたから、どんどん新しい工夫もあったし、なんつうか、一体感みたいなもんがあっただろ、こう活き活きしてるっていうかさあ。あれが今はねえんだよな。面白くて、頑張っても頑張っても疲れないっていうあれがさ」

「それって、今井さんがトシとっただけじゃないですか？」

「バカお前、なに言ってんだ。お前はね、そういうこと言ってるから左遷されるんだよ。まあ今なら、左遷されて社内報作りなんてのも楽勝でいいかも知れねえな。あ、そうそう。うちの山元から聞いたけど、少ししたら営業部に戻りたいって？　お前がそこまで言うんなら、上にあげてみるけど、どうなんだろうな。今、人事は。ちょっとわかんねえな」

「いや、べつに戻りたいなんて言ってないですよ」

「バッカ野郎、お前、助けてくれよ。お前みたいな頭のいいヤツじゃないと、あの月次報告会はムリだって。お前知ってる？　社長、月次報告会の時、ずっとスローガンを『美味しさをもっともっと』って言うんだぜ。『美味しさでもっと幸せを』だっちゅうの。普通、社長がスローガンを間違えるなんて、あり得ねえだろ？　あれは絶対わざとだな。近いうちに変えるんじゃねえか」

「えっ、本当ですか？」

「うん。もう『幸せ』なんかどうでもいいんだろうな。『もっともっと』儲かればな……。オレらは、おやっさんとコンさんからいつも言われてたろ？　何のために売るんだ、それが『もっと幸せ』に繋がるかって。数字の中に、夢や人情が見えた時代を懐かしんでるようじゃ、役に立たねえのかな。割り切ってやってると、自分が機械にでもなっている気になるんだ。そうじゃないから辛いのにな」

「本当ですね。あ、こんなにお時間をいただいてしまいました。今井さん、今日は本当にすみませんでした」

「おう、こっちこそ悪かったな、なんか愚痴になっちゃって……」

このあたりで切り上げないと、終わりがなくなりそうだ。池田は席を立った。

家に帰り、今井の言葉を思い出した。口は悪いが、もともとさっぱりとした性格の今井だ。だが相当追い込まれているように見えた。逆に今の営業部は、今井のような性格でないとやっていられないかも知れない。

今日はもっと自分の感情に向かい合おう。池田はノートのページを開いた。

コンさん

まずは前回の「小学生の感想文」すみませんでした。橘さんとの会話の中身がありすぎて、つい……。あらためて橘さんについて感じたことを整理してみます。

・問題に直面した時でも冷静で楽観的
・温厚で柔和、冗談好き。でもいざとなると根性がある
・白川社長や自らのことも客観的に分析している
・『随所に主となれば、立つところ皆真なり』いつでも主体的であること
・逆境にあっても腐らず、準備と努力を怠らない
・子会社にいてもフリージアの現状、将来を考えている
・それほどフリージアへの愛情が深い
・単純にカッコイイ！　あこがれる！

ざっとこんな感じです。子会社の社長をずっとやっているような人物ではないですし、自分の中にある感情を素直に表現すると、「一緒に仕事をしたい」「橘さんのために何か力になりたい」ということだと思います。

それから今日は、営業の今井部長に話を聞きました。正直、あの今井さんの焦った顔には驚きました。月次報告会で追い込まれるのだそうです。橘さんも言っていましたが、売り上げや利益という数字は、社業の成績表のようなものですので、すべてが営業部の責任であるはずはなく、むしろそれをフォローする経営戦略であっ

たり、新商品であったりという「企画部門」にこそ、現状の勢いを失わせる要因があると思います。

とはいえ、経営企画室もあるのですし、縮小したとはいえ事業開発部もあるのですから、そこから活性化策になるアイディアを出していかないといけないのではないでしょうか。どうしてもコスパで、企画に人的資源をあてられないというのなら、お金を出して、社外から買うというアクションも必要かもしれません。

とにかく、私はあんなしょぼくれた今井さんの顔は見たくないんです。もっと「オレに任せておけ、そんないいもんならオレがバンバン売ってきてやる」っていう、勢いのある営業部でいてほしいんです。なんとかしないといけません。

池田

10

翌朝、久しぶりの雨だった。机の上には、資料が入った大きな書類封筒にメモが添えられている。

資料がそろいましたのでお持ちしました　小野田

読みやすい綺麗な文字だった。しばらくそのメモに見とれていた。流れるような美しい文字が、小野田の黒髪をイメージさせる——。

——何考えてるんだオレは……と思いつつも、池田は、札入れの中に、そのメモをたたんで入れた。

引き出しを開けると、すでにコンさんからのノートが入っていた。持参したノートと入れ替える。小野田の字とはまったくちがう、ゴツゴツしたコンさんの字。

池田君

次はいっぺんに二人あげておく。毎日アポが取れるとは限らないもんな。おそらく社内報のネタになるような話はないが、ひょっとしたら社史編纂の役には立つかもな。

一人は社外の人だ。しかも社内に誰もその人のことを知っている人はいないはず。三浦常務もたぶん知らないと思う。もちろん僕は知っているけどな。田中靖子さんという女性だ。

もう一人は、会ったことはあるのかな、大山嘉子さん。大山前社長の奥様だ。お二方の住所と連絡先を記しておく。しっかり勉強してきてくれ。

コンさん

田中靖子に電話するといつでもかまわないというので、さっそくその日の午後、川崎市宮前区にある田中の家を訪問した。

「いらっしゃい。雨の中、遠くまで大変でしたね」

築年数は古そうだが、よく手入れされたマンションの一室。このあたりなら、都心からもそう遠くない。神宮前のオフィスを出て、ドアからドアまででも一時間とかかっていない。池田は招かれるまま、ダイニングルームに着席した。

「弊社の製品で、申し訳ないのですが、ドレッシングです」

「あらフリージアの。もちろんいつも愛用してるので、うれしいわ。どうもありがとう。近藤さんからうかがいました。池田さんね」

「実は、逆に私の方は近藤さんから何も聞いておりませんで、とにかく田中さんに弊社のことを聞くようにと……」

「あら、そうなの？　ずいぶん楽しいこと考えたわね、近藤さん。あの人、私より五つ年下だったわね、確か」

とすると田中は六十九歳か。部屋の様子からも、表情からも、過去と現在の満ち足りた生活が感じ取れる。

「私ね、フリージアの従業員第一号なのよ。もし会社に名簿かなにかあったら、ぜひ調べてみてほしいわ。だって、こんな名誉なことってないじゃない？　あのフリージアの一人目の従業員だなんて。まだ社名は大山食味研究所だったけど」

「ええ、戻ったら確認してみます。驚きました。ということは、神戸にお住まいだった？」

「そう、御影にね。その頃はまだ夫の仕事の関係でね、もう今は定年だけど。住まいから三分くらいのところに会社があったのよ。それで求人の張り紙が出ててね。私、お仕事したかったから、夫に言ってすぐに申し込んだのよ。それまでは社長と近藤さん二人だったの。近藤さんは初めから役員さんだったから、従業員は私が初めて。ねえ、これ見て。これが私。これが社長、近藤さん、社長の奥さんの嘉子さん、あとこれがチーちゃんで、これが岡田さん。この頃は従業員が三人だったのね。なんでだったかは忘れちゃったけど、社長がお祝いのワインを飲むって言い出して、記念撮影までしたの、タイマーでね。よっぽどうれしいことがあったのね」

はしゃいでいるような若き日の大山と、男っぽいが人なつっこい笑顔の近藤。よく知っている二人の表情だが、こんな二人のふさふさした髪型は知らない。誰にでも若い時というのがあるんだな――池田は思った。そしてパッチリとした目元の大山夫人は目を惹く美人だ。三人の従業員との距離感、一体感が印象的な一枚だ。そこにはフリージアの黎明期の一瞬が刻まれていた。

「今でも近藤さんや嘉子さんとは年賀状のやりとりをしているの。社長がお亡くなりになったのは残念だったわね。

私、確かこの写真を撮ってから、半年足らずでこっちに引っ越してきたのよ。その時も送別会してくれてね。それがこっちの写真。もう従業員、六～七人いるのよ。すごいわよね。もう本当に懐かしいわ。この写真を見ると、懐かしくて涙が出るの。毎日毎日、注文がたくさん。伝票を書いてね。今みたいにパソコンもファクスもない時代だから、事務仕事も大変だったのよ。間違いも多くてね……」

田中靖子の話は止まらなかった。二枚の写真を、持参したカメラで撮影させてもらった。もし不十分なら、また訪ねてスキャンさせてもらおう。

「お話していると、ちっともまとまらないわね。でもこれだけは言わせてほしいのよ。フリージアの宣伝じゃないけど、私、大山食味研究所で働くことができて、本当に幸せだった。とってもいい社長と同僚とで、会社が成長していくのを一緒によろこんで。本当に楽しかったわ。亡くなった社長にも、近藤さんにも、嘉子さんにも、とっても感謝しているの」

池田も田中の話を聞いていていて、幸せを感じた。会社ってこうありたいものだな。仕事ってこんな風にやりたいものだな――。池田はお礼を言って、田中宅を後にした。

第三章

池田、経営を考える

誰のために、何のために会社はあるのか

11

夕方近く、会社に戻ると、やはり外出から戻った事業開発部の小林と会った。

「この前は、飲み会のセッティング、ありがとう」

「どういたしまして。ところで池田さん、秘書室の小野田さんとなにか関係あるんでしたっけ？」

出し抜けな質問にドキッとする。

「いいや。なんで？」

「あ、そうですか。実は言い出しっぺは、小野田さんなんですよ、あの飲み会。あっ、しまった、言わないでって言われてたんだった。ええと、そんなことより……」

小林はあわてて話題を変えた。

「いよいよ、うちの部も吊し上げがきつくなってきましたよ。佐伯部長、毎日のように新商品の企画はないのか、もっとマシな事業アイディアはないのかって、上に言われたまんま下ろしてくるから、たまんないですよ。出したって、つぶしたりするくせに……」

「そうだな。また、今度飲みに行こう」

やりとりを切り上げた池田は、自室に戻る前に、秘書室に立ち寄った。あいにく小野田の姿は見えなかった。

「何かご用ですか？」

第一秘書の山口から問われただけなのに、池田はなぜかドキッとした。

「いや、小野田さんは離席中？　資料ありがとうと伝えておいてください」

――かしこまりました。山口の返事を聞くともなく、池田はそそくさとその場を離れた。何か悪いことをしたわけでもないのだが。


次に人事部に立ち寄り、従業員第一号が誰かわかるか、記録を調べてほしいと頼んだ。部屋に戻り、大山嘉子に電話をした。嘉子は、申し訳なさそうに、時間の都合で夜に来てほしいという。こちらは一向にかまわないと伝えると、

「勝手なことばかり言って申し訳ないのですが、うちで夕食につきあってほしいの。良かったら奥様もご一緒に……」

「いえ、私は独身なんです」

「あら、また失礼なことを言ってしまったわね。であれば、彼女でも、お友達でも、何人でもいいので。日にちは池田さんのご都合の良い日でかまいません」

「……そうですか。それではまた連絡いたします」

――どういうことだろう。お一人になって、寂しくお過ごしになっているということ

かもしれない。とにかく同伴者を決めなくては……。よし、ここは度胸を決めよう。内線をコールした。小野田に、社内報の取材を手伝ってほしいと切り出した。勤務時間外に、大山未亡人宅で夕食をともにすること、日にちは小野田の都合に合わせることなど、しどろもどろになりながら説明した。

「はい、かしこまりました。明日でもあさってでも問題ございません」

型どおりの事務的な言葉だったが、電話口の笑顔が想像できるような明るい声だった。そう池田に聞こえただけかもしれない。

「ではまた決まったら連絡します」

電話を切ると、人事部から折り返しの電話があった。確かに社員番号一番は、田中靖子だった。——田中さんにはハガキを書こう……。以前ならそんな発想にならなかっただろうが、池田は近藤との「交換日記」で、少し筆まめになっている。

嘉子と小野田に再度連絡し、大山宅の取材は明日ということになった。いったい明日は何が起きるのだろう。今日のような、幸せを感じる一日になることを願う。引き出しを確認すると、コンさんノートがあった。いったいコンさんは、日に何度チェックしているのだろう。

池田君

勉強結果の報告は、そんな感じでいい。自分の内面がどう動いたかを覚えておいて、それを僕に伝えてくれたらうれしい。

さて橘君について。君の言うとおり、彼は非常にいいリーダーだ。

リーダーは自分自身が主体的でなくてはいけない。またメンバーの主体性を自然な形で引き出せるのが良いリーダーだ。誰だって自分の価値を認め、より輝かせてくれる人になら、ついていきたいと思うだろう。

君も橘君みたいになりたいと言っている。それこそが有能なリーダーなんだ。ただ有能であるがゆえに否定され、警戒され、島流しにされているのが現実だ。これをどう考えたら良いか。簡単に言えば、良くないリーダーが上にいるということだ。自分の地位を脅かす「危険人物」をいち早く察知する「器量」はあるが、その価値を認め、力を発揮できるように導く「度量」はない。そのことがよくわかっただろう。君には初めに、「助けてくれ」と言った。君が本当に助ける相手は橘君だ。君の言うように彼は冷静沈着だ。それが慎重さになり、押し出しの弱さになるきらいがある。ひょっとすると、君が橘君を担がなきゃいけない時が来るかもしれない。そのつもりでいてくれ。

次に今井君だな。彼はああ見えて、本当に優れた営業マンなんだ。ある意味で天才と言ってもいい。ゴールをこじ開ける嗅覚に優れたサッカーの点取り屋を想像してくれ。ただしそれを生かすには二つのポイントがある。一つは、周りがいいパスを出してやること。「後方支援」だな。営業・販売は直接売り上げをもたらす花形部門だが、良い商品をタイミング良く供給しなければその能力が活かせない。点取り屋は、試合中できるだけ長い時間ゴール前にいてほしい。同じように営業マンもできる限りお客様の所にいるべきなんだ。注文や契約をまとめることに専念させ、それ以外は周りが支援する。それを目指すべきだ。そしてもう一つ、これがもっとも重要だ。

売り上げセクションには、自信を持たせ、気分良く仕事をしてもらう。

たとえば美味しいドレッシングになるかどうかは材料の配合しだいだろう？（実は僕、ドレッシングの味のちがいがわからないんだけどね）同じように会社も個性豊かなメンバーが混ざり合いながら、それぞれの持ち味を発揮するからいい仕事になるんだ。売り上げというシビアな数字に向き合っている営業・販売のメンバーには、全社の代表として前線で戦い、稼ぎを上げているという自負がある。それを大いに誇りにしてもらって、存分に働いてもらえばいいんだ。彼らを萎縮させても何にもならない。自信を喪失した点取り屋は、ゴールの嗅覚まで鈍る。能力を活かしきれなくなる。たくさん売りたければ、「オレに任せろ」と言わせるようにもっていくことが大事なんだ。

コンさん

コンさんにマネジメントを指南されている——池田はその事実が震えるほどうれしかった。一昨日より昨日、昨日より今日。明らかに自分は進歩している。コンさんがレベルアップさせてくれている。そして明日。小野田と二人で大山宅へ行く。明日が終わると、自分はどうなっているのだろう。

自宅に帰り、ノートに向かう。そして自分の内面とも向かい合っている。

コンさん

田中靖子さんに会ってきました。お元気そうでした。コンさんにもお会いしたいとおっしゃっていましたよ。

コンさんもお持ちですか？　田中さんから二枚の写真をコピーさせてもらいましたので、プリントアウトして添えておきますね。私はこの時、まだ生まれていません。でもフリージアはあった。そして従業員を幸せにしていた。当然私には何の思い出もないし、何も関係ないのに、この六人の写真を見ていると涙が出そうになります。不思議なことです。

「美味しさでもっと幸せを」、コンさん、私はこの言葉の「幸せ」は、一般消費者のような「誰か知らない人の幸せ」だと決めつけていました。でもそうやって誰かの幸せを考えられるのは、自分が幸せだからなんですね。フリージアは、まず従業員を幸せにする会社だったんですね。田中さんにそれを教えてもらいました。

大山嘉子さんのお宅には明日行ってきます。

池田

12

小野田が資料をそろえてくれたおかげで、池田は「常に何か仕事がある」という状態になった。社史編纂の作業が山積みになったからだ。

朝、引き出しに入れておいたノートは、昼休みの間になくなっていた。夕方、久しぶりにコンさんに会った。

「ご苦労様です」

片手を上げると、さっとノートを手渡してくれた。いろいろと話したいこともあるけれど、お互い時間がない。いつものように足早に出て行くコンさんの背中にもう一度、

「ご苦労様です」

と言うと、今日はさっと振り返り、右手の親指をぐっと反らせた。

――サムアップ？　なんで？

ノートのページを開く。

池田君

君の田中靖子さん取材報告を読んで、僕も幸せな気持ちに浸ったよ。ありがとう。写真もありがとう。従業員全員に、靖子さんと同じような体験をさせることが経営者の理想なのかもしれないな。

ということで、まずは今日がんばれ！

コンさん

うーん。どう考えればいいんだ？　コンさんには、嘉子さんから誰かと同伴で来るように頼まれたことも、小野田を誘ったことも何も言っていないのだが、まるですべてわかっているかのようなこの書き方。そしてさっきのサムアップ――まあ、あまり気にす

るのはよそう。

終業後、小野田と待ち合わせをして大山宅へと向かった。

「時間外につきあわせてしまって、申し訳なかったね」

「いいえ、全然。昨日から、今日のことがとても楽しみでした」

「実はオレも」

「でもどうして私を連れて行こうと思われたのですか？」

しまった――当然そう聞かれるよな。池田は、何の答えも準備していなかったことを悔やんだ。

「なんでだろうね」

しまった――なんという何の意味もない答え……。

「なんでですか？」

うわ――どうしよう……正直に……。

「小野田さんと一緒にいたかったから……」

うわ――言っちゃった――

「――本当ですか？」

そう言って、小野田は、池田の顔をのぞき込むように見た。人間の顔には、それぞれ、この角度から見るのが最高という「奇跡の角度」がある。今、池田が見ている小野田朋美がまさにそれだった。鼓動が大きくなるのがわかる。池田は真剣な表情で小野田の目を見て、大きく一度うなずくことしかできなかった。小野田はそれを見ると、うれしそうにニコッと笑って言った。

「信じます」

池田は、この一連の展開に思考がついていけていないのを感じていた。それでも、心の中で、コンさんに向かって親指を立てていた。

大山宅は、港区南麻布にある。有栖川宮公園を臨む静かな環境の中のマンションだった。池田の住む麻布十番からも徒歩圏内にある。ただし町並み、立ち並ぶ住宅の種類はかなり違う。インターフォンのボタンを押した。

池田も小野田も、嘉子とはこの日が初対面だった。ぱっちりとした大きな目に見覚えがある――と思ったが、それは前日写真で見たからだ。それくらい、三十五年前の面影がしっかりある。

「独り暮らしでヒマだし、食事も毎日一人で食べても楽しくないでしょう？　だからおつきあいしてもらおうと思ってね。でもおばあちゃんと一緒じゃ、池田さんがかわいそうだから、奥さんとって言ったの。だって近藤さんもそうおっしゃるから」

――やっぱり！　でもありがとう！　コンさん。

「で、こちらの素敵な方は？」

「はじめまして。小野田朋美と申します。昨年までは大山社長の、現在は白川社長の第二秘書を務めております」

「あら、そうでしたか。それはそれは、二世代でお世話になってしまいまして……」

――そうか、白川社長の義母にあたるのか。そんな当たり前のことも忘れるほど、小野田朋美のことばかり考えていた池田だった。

「お仕事のお話ということですけど、先にお食事にしましょうね。落ち着かないから。もしそれでよろしければ、お食事中にお話してもいいのよ」

「はい、ありがとうございます。では遠慮なくいただいて、お話はその後にお願いします」


夕食はビーフシチューだった。じっくり煮込んだシチューとバゲットの最高のコンビネーション。もちろんサラダにフリージアのドレッシング。そして一杯だけワインをもらった。

食事の間は、嘉子が質問する時間帯になった。三浦常務、山下取締役ら、ベテラン社員の様子を次々と聞かれた。一部知らない名前もあったが、ほとんどが今でもおやっさんを慕っている人たちばかりだった。

　次に嘉子は、池田と小野田、それぞれがどんな人物なのかを理解するために必要な情報を聞いた。年齢は池田が三十五歳、小野田が二十七歳。出身地は、池田が東京都目黒区、小野田は高知県高知市。住まいは、池田が麻布十番、小野田が世田谷区の三軒茶屋で、ともに一人暮らし。二人とも両親は健在。きょうだいは、池田は妹が一人、小野田は弟が一人。二人とも特定の交際相手はなし。飼っているペットはなし。ともに運転免許はあるがクルマはなし。休日は読書、買い物、映画・ＤＶＤ・録画したテレビ番組を見る、家事、美味しいもの・お酒……二人に共通することはかなりあった。よくまあこんなに矢継ぎ早に質問できるなあ――池田は思ったが、小野田について、聞いてみたいと思っていたことを全部聞いてくれた。こんなにありがたいことはないと思った。

「あら、それじゃあ、なんでお二人はおつきあいされていないのかしら？」

「いいえ、そんな今回のために急きょ誘った次第で……」

　突然の剛速球に、池田はあわてて答えた。

「あらそうなの。だったらこれをきっかけにおつきあいされたらいいんじゃないの？」

「いえ……あの……」

「私はそれがいいと思うわよ。雰囲気がよくお似合だもの」

たたみかける攻撃に、池田は顔を赤くしてうつむくしかなかった。ちらっと隣を見ると、小野田も同じように顔を赤らめてうつむいている。池田は顔を上げて言った。

「はい、よく考えます」

「ええ、それがいいわね」

嘉子が無邪気に笑った。池田も照れ笑いするしかなかった。

13

食事後、池田は食器の片づけを申し出た。

「いいわよ、いくらもないし……」

そういう嘉子だったが、池田はぜひにと頼んだ。食器洗浄機は使わないようだ。一人暮らしの長い池田が手際よく食器を洗い、さっと立った小野田は、池田のとなりで、洗い終わった食器をふきんでぬぐった。――お皿を落とさないようにしなくちゃ、集中……集中……そんな精神状態の池田だった。

その間に嘉子は紅茶をいれていた。

「どうもありがとう。助かったわ。急造カップルとは思えないほど息もぴったりね」

「もう本当に許してください」

「あらそんな。――では、本題のお話をしましょうね」

「はい、お願いします」

「とりあえず、保存していたものがあるのでご覧になって。もしコピーしたり、撮影したりなさるなら、会社に送るわよ。後で返してくだされば……」

嘉子は、予め用意していた資料を池田に見せた。小さめの段ボール箱が一つ。写真アルバム、発言録のメモ、手帳、ノート、社内研修のテキストなどである。

「こんなに保存されていたんですね」

「そうね。なにせ何もない中から積み上げてきたから。ひとつひとつに思いが詰まっているのね。だから、増えるばかり……」

池田は、ひとつひとつを手に取ってみる。どれも、手作り感の漂うものばかりだ。見慣れた字のものがある。初期の頃は、テキストや発言原稿などを近藤が作っていたらしい。それらの資料は、大山と近藤がどんな役割分担をして、どのように事業と会社を育ててきたかを物語る貴重な証拠だ。

「大山社長と近藤さんは、まさに二人三脚だったんですね」

「そうね。大山が近藤さんに初めて会ったのが、大山食味研究所を創業して一年目。近藤さんは、大阪の鉄鋼商社に勤めていてね。大学の五年後輩ということで、同窓会で親しくなったそうよ。大山は、『こいつだ！』と、口説いて、口説いて、それ以来、ずうっと一緒」

「それは、濃密なご関係ですね」

「そうね。いつでも一緒でね。最初の頃は、そこに私も入って、三人でなんでも一緒。三人で議論して、三人で喧嘩もしてね」

嘉子は思い出を噛みしめるように、そして楽しそうに話し始めていた。

「神戸の御影が創業の地で」

「そう。もともと、大山も私も神戸出身。近藤さんは、大阪ですけどね。大山は、神戸で缶詰の輸入商社に勤めていてね。その頃、私と知り合ったの。大山は、その頃からグルメでね。どうせなら美味しいものを――というのが、人一倍強かった。といっても、贅沢指向というわけじゃないのよ。美味しいものを工夫して探して、作って。ソースから始まって、特にドレッシングに着目してね。鮮度を保ったり、食味をまろやかにしたり……熱心に研究を始めたわけ。その頃、私と一緒になったのよ」

「研究熱心だったのですね」

「独立は簡単じゃなかったの。資金がいるでしょう。その頃、私の実家は灘の小さな酒造会社だったんです。父が、大山を見込んで、元手を出してくれたの。二人でなんとかしろ。ただし、増やして、必ず返せってね」

それが大山食味研究所だった。当初の出資者が百パーセント、嘉子の実父だったという話は、社史としてはあまり知られていない事実だろう。

見覚えのある写真がまた見えた。

「この写真、昨日、田中靖子さんに見せていただきました」

「あら、靖子さんにお会いになったの？　私も毎年お会いしてるの。『定例会』ね。これはね……近藤さんも入ってきて、和風ドレッシングを開発していた頃。この日が和風ドレッシングが生まれた誕生日ね。それと高田屋百貨店だったかしら、初めてデパートでうちのドレッシングを取り扱ってくれることになった日。その時に社員みんなで祝杯をあげたの。あの人が言い出して……」

「皆さん、本当にいい顔されていますね」

ほかにも、興味深い写真があった。池田は、中でも十人くらいの社員と初詣の時に撮った写真に目を奪われた。大山が先頭で写るその姿は、まさに意気揚々という感じだった。

「これ三浦常務かな、製造部長の若杉さん？　これは経理の山下さん？」池田が指さすと、嘉子がうなずいた。小野田も知った顔の話題に興奮気味にのぞき込む。急に顔が近づいてきて、池田はドキドキした。

「時代の流れにも乗れたのよね。当時は、フレンチとかイタリアンという洋風ドレッシングの時代。和風や中華風というお醤油ベースのものを作れば、もっともっと広がるという発想が当たったの。一九七〇年代の終わりくらいになると、大手も同じようなものを出して、一気に市場が拡がるのだけど、和風ドレッシングブームの先駆けは、大山食味研究所だったのよ。そして、『こだわりのお客様』に絞りながら、大手との違いを出すという狙いでやってきたのね。昔から大山は『背伸びをしない』という方針だったから、それも良かったと思うのよ」

多くの資料とともに、この嘉子の話は社史編纂の上で非常に貴重なものになると池田は直感した。

「ところで、なぜフリージアと社名変更したか、由来をご存じですか？　一応『香るような美味しさを』とか『多様な色は幸せの色』というフレーズが記録されているのですが、正直なところピンと来ないんです」

池田は今まで誰からも満足な答えをもらったことのない質問をぶつけてみた。

「ああ——。大山が、私にプロポーズする時、その場所に咲いていたのが、たまたまフリージアだったの。プロポーズの言葉を言い出せなくてね。目の前にあった花のことを話題にして『この花、綺麗ですね』とか言っちゃって。私が『フリージア』だと教えてあげたの。私の大好きな花だと。『嘉子さんが大好きなら、僕もずっと一生大好きでいます。フリージアが大好きです。だから……結婚してください』って言ったの。でもまさか後々、それを社名にするとは思わなかったわ、いくらなんでも、びっくりした。でも、とってもうれしかった。たぶんこの話は、どこにも公表していないはずよ。恥ずかしかったんでしょうね。私も恥ずかしいわ。これは二人だけの秘密。あ、近藤さんもご存じね。三人の秘密だったの。だからお二人も胸の内だけにしておいてほしいわ。私が死んでからならかまわないけど。生きているうちはね」

嘉子は、屈託のない笑顔を見せた。

14

気が付けば、随分長居をしてしまった。池田が切り出す。

「長時間、すみませんでした。楽しくて……」

「あら、まだいいのよ。そうそう、せっかくこうしてお近づきになれたのだから、あなたたちの携帯の電話番号を教えてちょうだい。何かあったら電話してもいいかしら？　あなたたちどうしはわかっているの？　じゃ、一緒にちゃんとひかえておきなさいよ」

最後の最後まで、なんと至れり尽くせりな――なぜかコンさんのゴツゴツした笑顔と、不自然なサムアップが思い浮かんだ。

池田は、謝意を示し、小野田とともに大山宅を後にした。

「楽しい方だったけど、質問攻めには参ったなあ。でも芸能レポーターより質問上手だったね」

「ええ。とても楽しかったです」

「オレも。小野田さんのこと、たくさん知ることができたし」

「私も池田さんのこと、たくさん知ることができて、うれしかったです」

「今度、映画に誘ってもいいかな」

「はい、かしこまりました」

「その返事はヘンじゃない？　お仕事じゃないんだから」

「そうですね。じゃあ、『ええ、よろこんで！』」

「それから――」

「はい――」

「オレと――おつきあいしてください」

「――はいっ！」

ここまでのお膳立てがあって、告白できないような池田ではない。池田は胸の中のドキドキがなかなか止まらず、体中がぽかぽかと発熱するのを感じていた。となりを歩く小野田朋美も、こみ上げてくる喜びでどうしても笑顔になってしまった。ごく不自然なお膳立てと、ごく自然な流れの中、池田と朋美の交際はこうして始まった。

そのあと、西麻布のバーで少しだけ飲みながら、お互いに「嘉子の突撃レポート」の続きをした。タクシーで小野田を家まで送り、池田が自宅に戻ると午前一時をまわっていた。でも明日は土曜で休み。とにかく今日という日は、何から何までうまくいきすぎている。

コンさん

大山嘉子さん、取材終わりました。今日は正直、経営のこととか、リーダーのことか、まったくなんにも考えませんでした。すみません。でも、フリージアが「幸せ」にこだわってきたのは、本当によくわかりました。そして私は幸せです。

そうだ！　コンさん、今日はありがとうございました！　おかげさまで小野田朋美さんとおつきあいすることになりました。本当にありがとうございました。コンさんが後方支援してくれたんですよね？

池田

池田は、酔いに任せて、スマホのメッセージを打ち、テスト以来初めて近藤あてにメールを送信した。もしノートに手書きしていたら、酔いと喜びで、字がいつもの倍の大きさになっていたことだろう。

近藤から返信があったのは、翌々日、日曜の夜だった。

いけたくんなんのことかなそういうこしんてきなことはほうこくしなくていいよてもよかつたねこんさん

ふだんなら、明日は会社かと、もの悲しくなる日曜の夜だが、今の池田にはそれがまったくない。さらにコンさんの「平安時代メール」。今度、変換と空白と句読点、濁音の打ち方を教えてあげようか、このままの方が味があっていいな——池田はまた幸せを感じた。

月曜、出勤。すっかりルーティーンとなった引き出しチェックを行う。まず間違いなくノートが入っているのがうれしい。

池田君

多くの人を幸せにするには、まず自分を幸せにすること。次に自分の身近な人たちや、自分の愛する人たちを幸せにすること。そうやって広げていくもの。そうでないといくら「もっと幸せを」と言っても、それは虚しい空論であり、ウソだ。ウソはいつか必ずばれる。自分の幸せ、家族や従業員の幸せを犠牲にした経営は、最終的に誰のことも幸せには出来ない。わかるね？

経営は、人間を幸せにするためにある。

経営の勉強に戻ろうか。君もプライベートが急に充実し始めたようなので、こっちもペースを上げて、早く卒業してもらって、デートでも旅行でも結婚でも、好きにできるようにしてあげような。それにしても、あの人はいいな。仕事もとても良くできるし、芯のしっかりした人だ。

さて、ここらで少し、別のカリキュラムを入れる。フィールドワークは小休止で、座学だな。

君のフリージアにおけるキャリアは、主に営業部と、事業開発部で培われた。そこで学んだことを、あらためて整理すること。まあ、そんなに深く考えなくていい。概要でかまわない。どのようにその知識を体得したのかも振り返ってほしい。時間がかかってもいいから、できるだけ思い出してみてくれ。楽しみに待っているよ。

それから取材の方も、一気に頼んでしまおう。次のテーマは、「中堅・若手の実態調査」だ。どんなことを感じたか、レポートしてくれ。対象者は任せる。地味なスタッフワークとか、ふだんあまり見る機会のない部署を回って、中堅・若手の声をひろう練習だな。元気良くあいさつすることを忘れないようにな。

こっちも逐一レポートくれるとうれしい。今、これが一番の楽しみなんや。

コンさん

これはなかなかな手強い課題だ。やってみないとわからないが、自分の中から、経験と知識を引っ張り出さないといけない。あとで落ち着いて取り組むことにして、池田はノートを閉じた。

15

「室長、取引先の状況と各部の状況について、問題点のすり合わせをしておきたいと思いまして」

社長室に呼んだ山沢に椅子をすすめながら白川が言った。今日は少し動きや話し方にスピードがある――山沢はそう感じた。

「レポートにまとめるのには、もう少し時間がかかるのですが……」

「こうしていつでもお話が聞けるのですから、必ずしもペーパーが大事だとは思いません。ただ作られるご予定なのだとしたら、お早めにお願いします。どのコンサル会社でも、この経営者交代という局面なら緊急徹底調査をおこなうところでしょうから」

「承知いたしました。それで、とりあえずのメモで恐縮なのですが、ご覧ください」

それは『当面のアクションプラン（工程表）』と書かれたプリントアウトだ。

「この『工程表』に則った形で経営戦略、新事業計画を策定して行くつもりです。最初のページに『現状診断』、『経営課題の抽出』、『改善施策決定』、『経営戦略策定』、『新事業計画策定』と列挙しておきました。まず『現状診断』では、市場機会調査や顧客満足度の調査、製造工程の検証、システム診断、業務監査等々……。営業方法を含めてこういった観点で、現状分析をし、今後の方針を決めていく必要があります。市場関連は、外部コンサルの力を借りた方が良いでしょう。八月中にはこの分析は完了させておきたいです」

「手早いですね。人手が足りなければ言ってください」

「はい。ありがとうございます」

「ただ、調査の結論がそろうまで、何もしないというわけにはいきません。ある程度の仮説にもとづいて、進められることは進めていきましょう」

白川は、そう言って自分にうなずいた。その仕草が、山沢には自信なさそうに見えた。

「はい。なんと言っても売り上げの伸び悩みが最大の課題です。社長のお考えは？」

「そうですね。ここ数年、売り上げの横ばい傾向が続いている。ソース、ドレッシング、飲むお酢……商品単位で見て、不調のものはありません。ポイントは、値引き競争に巻き込まれる傾向にある点。一部の高級品シフト路線は利益確保に成功できているのを見ても、この分析は明確かと」

「はい、私も同意です」

「やはり、新商品、新規事業の少なさ、立ち上がりの弱さということになりますね」

「はい。ただし、事業開発部に資源を集中すれば企画が活性化するということでも、新商品を投入すれば売り上げが増加するという単純なものでもありません」

「それで先行投資が大きく、回収見通しがあまりにも不明確だった池田さんの企画を中止し、規模の縮小による効率化、活性化を図ったわけですからね。それは室長と私が合意した仮説にもとづくことです」

「企画面については、佐伯部長から取り組みの報告も上がっていますので、もう少し中期で見ても良いかと。当面、着手するとなると収益力のアップ、特にムダの排除によるコストダウンではないでしょうか」

「それはそうですが、室長はなにか目につくことがありますか？」

「すみません、少し話が『そもそも論』になってしまうのですが、現状では残念ながら管理会計への意識が低すぎて、経営判断に役立つデータが少なすぎますね。決算のために数字を集計するという程度の意識では、私たちの知識や技術が生かし切れません。少なくとも製造部門において、商品別に原価管理がされる仕組みは必要です。正直なところ、その部分がこれほどまでに大ざっぱな計算で運営されているのが意外でした。リアルタイムに把握できるシステム管理は早い段階で実現させたいところです。ムダの発見がしやすくなるでしょう。とりあえず、商品別の概算原価が把握できるよう、販売数量や商品の内容量などをもとに、製造原価の振り分けを計算してみます」

「なるほど、納得できます。システムの導入によるムダのモニターにどのような投資が必要かも、よく詰めて考えておいてください」

「かしこまりました。では係数による概算と、システムによる厳密なモニターを両にらみで、商品ごとの原価管理をやってみます」

お願いします――颯爽と部屋を出る山沢を送り出す。企画がポイントだ。どう考えればいい？　しかし、まずはやれることをすべてしっかりよく詰めて考えること。白川は自分を落ち着けるようにうなずいた。

「経理部では、製造している商品と、各製造工場とのヒモ付けは、どれくらいできているのですか？」

山沢は、経営企画室に取締役経理部長の山下を呼び寄せる機会が増えた。どうやら商品別原価を算出し、商品ごとの「力の配分」を見直そうということか？――山下は一瞬で見抜いた。言ってくれれば、経営判断に必要な資料なら、どんなものでも一発で提出するのに。いつも回りくどいのが白川社長と山沢室長の悪いところだ。山下は常々そう思っている。それはつまり、経理部を「調査機関」として信用していないということ。元々のデータから自分で計算し直したものしか信じないということだろう。おそらく今に、製造工場にすべてバーコード付きシステムを導入し、画面上で瞬時に仕入れコストを確認できるようにしたいと言い出すだろう。確かにそれがあれば、製造業のなんたるかを知らなくても、経営判断がやりやすくなる。

「室長がご必要なのは、商品ごとの原価の推移でしょうか？　それでしたら急ぎ出力しましょう。根拠となる計数説明も添えられますので、ご納得いただけると思います。新製品がラインに乗るたびに、工場と打ち合わせをして設定していますし、定例で見直しもかけていますので、精度についてはそれなりにあります」

山下は、現在四十八歳。新卒で採用され、経理・総務・人事と管理畑一筋で行ったり来たりのフリージア人生だ。ちょっと出過ぎたかな。山下は最近また一段と広くなった額に手を当てた。

「え？　ああ、あるんですか？　はい、じゃあそれをお願いします」

山沢が拍子抜けしたように言った。まあ伝統的な企業でも、さすがにそれくらいのことは考えているか。少し山下経理部長を見直した。

16

翌日、山沢は、白川に提案していた。

「まずは、商品ラインナップの見直しですかね。経理部からデータをもらって、商品ごとの原価推移を出力しました。これです」

山沢はプリントアウトを渡した。ちょっとした「言い回しの妙」によって、手柄を取り上げたように聞こえただろうが、ウソは言ってない。山沢は開き直っていた。

「さすが室長、スピード感がすごいですね」

「ありがとうございます。定例で、商品の見直しはかけているようですが、まだ採算面で劣る商品はありそうです」

「なるほど。『幸せ』などと甘いことばかり言っていたので、バリエーションが広がりすぎて、売れなくなっても放置しているのではありませんか？　室長」

「いいえ、そういうずさんな管理はありません。見直しても良いのでは？という商品はわずか……」

「抜本的な改革は必要なく、効果は限定的ということですか、室長」

「ええ、まあ……ただ――」

「こう言っては失礼かもしれませんが、もうそろそろ、私たちらしい成果を出さないといけない時期ですよ、室長」

言葉の最後につく「室長」に、苛つきの感情が込められている。

「あ、在庫や物流はどうなんですか。賞味期限切れの管理は検証されましたか」

「ざっと見た限りですが、特に標準的な管理方法から逸脱している兆候は見られませんでした」

何から何まで、意外なほどきちんとしている――山沢は、調べれば調べるほどその印象を強めていたのだった。

「あっ、待ってくださいよ、室長。賞味期限を長くすれば、製造・物流のコストダウンになりますよね？」

「えっ？　えーと、単純に考えればそうですよね。ただ、食べ物なので……」

「いや、ドレッシングは食品ですが、調味料という感覚でとらえている人も多いでしょう。ロングライフ版のドレッシング。ＬＬドレッシングとして、賞味期限をいまの倍に延ばせばどうなるでしょうか」

「――あまり例のない施策ですが、それだけに斬新で、効果が高いかもしれません」

「これは、我ながらいい企画を思いついてしまったかな」

白川のニヤリと笑った表情からは、謙虚さのメッキがはげていた。――ついに来た。これくらいのアイディアは私にだってできるんだ。これでようやく「新体制の実力」を「数字」で見せることができる。どんなに人事で権力を振りかざしても、結果を出せなければ人はついて来ない。今、私たちに不足しているのはそれだけだ。

「さすがは社長です」

と、口で言いながら、山沢は正直なところ、それは単なる素人考えなのではないかと思っていた。賞味期限を延ばした方が、メーカーにとって有利なのは誰でもわかる。そういう商品を開発しないのは、いたずらに添加物を増やしたり、消費者のニーズとして

「やたら日持ちしすぎて、気味が悪い」という印象になるのを避けているのではないか。

「社長、それと事業開発部に代表される当社の企画全般についてですが、過去の例を振り返っても、あまり活発ということもありませんし、高打率ということもなさそうです。むしろ低調です。近いうちに何か決断が必要かも知れません」

「M&A※2のことをおっしゃりたいのでしょうか、室長。まあそれについては、私も考えているんですよ。企画を自前でやらなきゃいけないということはない。事業ごと買うという選択肢も当然あって良いのです。私の出身母体、稲穂興業銀行から、案件がいくつか紹介されてきています」

「はい、それが社長の数ある強みの内の一つです」

他には何かあったっけ？　——山沢は心の中で思っていた。

「確かに、そうかもしれません。売り上げの低落傾向も、M&Aなら手っ取り早く数字になります。まあ、『BSのPL化※3』ですね」

「はい。当社ほどの規模であれば、流動化させてこその資産かと。企画や売り上げを買ってくるとなると、資金計画や人の問題も同時に検討する必要があります」

「人員削減ですか。それは、もうすこしよく詰めて考える必要があるのではないですか。それよりも私がずっと気になっているのが、『美味しさでもっと幸せを』というあれです。まるで『戒律』だ。数値化不能な『幸せ』を目標に掲げているから、あいまいな価値基準にとらわれてしまうのではないでしょうか。企業が社会に貢献できているかどうかをはかるものは利益しかあり得ません。社会からの評価が利益となって表現される。定量化できる企業価値となる。私は『美味しさをもっともっと』がシンプルでいいと思っています」

「まったく異存ありません」

「同意いただいたので、粛々と手続きに入ることにします。『戒律』なので慎重に、よく考えて詰めないといけませんがね」

就任以来、白川にとっては、「幸せ」という言葉が邪魔に感じられてしかたない。まるで大山前社長が、姿を変えて影響を与え続けているかのように思われたのだ。

※２　企業の合併、買収を指す。Mergers（合併）and Acquisitions（買収）の略。
※３　ＢＳ（貸借対照表）、ＰＬ（損益計算書）。『お金を集める』『投資する』『利益をあげる』という３つの基本活動が、ＢＳとＰＬに表されている。そして、「ＢＳのＰＬ化」は、固定した資産を流動化し、売上や利益に転換すること。

第四章

池田、組織を知る

会社の成長を加速させるために何が必要か

17

その夜、池田のノートはなかなか進まなかった。それはそうだ。勉強の成果をいきなりノートに書き付けるのは難しい。ノートにするのは考えがまとまってからだ。ＰＣを立ち上げ、キーボードで思いついたままを打っていった。

今回の勉強は、自分自身のフリージアでのキャリア、営業部と事業開発部で学んだことを書き出すという作業。あらためてそう言われると、なかなか出てこない。誰が仕事のアドバイスをくれたかを思い出しながらキーボードを打った。

小野田朋美からメールが来た。

もし良かったらお電話ください。

「やあ」

「こんばんは。お電話、ありがとうございます」

「カタい感じだね。もっとくだけていいよ」

「はい……でも、そんなに急にはできません。少しずつ。あのう、この前から気になっていたこと、聞いてもいいですか？」

「ん、なに？」

「近藤さんと連絡取られているんですか？」

「……へ……」

「池田さんて、本当にウソつけないですよね。でもそれはいいことです」

「うう……。うん、そうなんだ。今、コンさんからリーダーになるためのトレーニングを受けているところなんだ」

「えっ？」

「このことは、オレとコンさんだけの秘密。いつどんな形で役に立つかはわからないけど、オレが経営を学んで、もしフリージアがピンチになったら橘さんを助けて、フリージアがおかしくならないようにリードしろって」

「本当ですか？　池田さん、将来フリージアの経営者になるんですね。なんかすごくうれしいです」

「ありがとう。いや、わかんないよ。オレ自身、今、何がどうなっているのか、まださっぱりわからないから。でも、しっかり成長する意欲はある」

「そういうことだったんですね。よくわかりました。では、これで失礼します」

「えっ？　ああ」

「お忙しそうだから。ちょっとだけ、声聞きたかっただけなんです。じゃあまた」

「あ、じゃあ……」

池田俊一、三十五歳。小野田朋美のすべてにメロメロだった。情けなくもあり、うれしくもある。しばらく枕に顔をふせて、朋美の声と顔を思い出していた。いつの間にか幸せな気持ちのまま眠ってしまっていた。

結局、これでいいだろうかと思える内容になるまで三日ほどかかってしまった。池田はプリントアウトをノートに貼った。

コンさん
【営業部】
・営業とは出会いだ（コンさんの言葉）
自給自足できないから商売がある。出会わなければ商売できない。出会ったら必ずあいさつをかわすこと。人に出会ったら、自分は何を持っていて、何を欲しがっているのか、相手はどうなのか、必ず情報交換をしなさい。もし誰かが欲しがっているものを、別の誰かが持っているとわかったら、自分に直接関係なくても教えてあげなさい。

あいさつできる関係になれなければ、そうなれるまで何度でも自分の顔を見せて、こちらからあいさつをし続けなさい。何も求めず、あいさつしてくれたらいいなとだけ思って、顔を見せなさい。これだけやっていれば、注文はとれるはず。最終的にたくさん出会った人がたくさん注文をとれる。

・営業とは綱引きだ（今井さんの言葉）

実際の価値より安くなるまで値引きして売るならサルでもできる。値引きしなきゃいけない状況なら、その理由を商品を作っている連中に伝えろ。引き合ってバランスがとれたから注文が成立している。バランスが変わるのはなぜか、注意して察知しろ。

・約束を守るためのスケジュール帳（コンさんのアドバイス）

約束を守るのは命より大事。お客様との約束は、スケジュール帳に書いて、確認して、消し込む習慣をつけろ。やらなきゃいけない雑事なども、必ずスケジュール帳に書くこと。期日が決まっていないときは、自分で決めるのが大事。それは自分との約束。

・よく見ること、落ち着くこと（コンさんと今井さんのアドバイス）
欲しい人がいて、欲しい物があって、欲しいタイミングだと物が売れる。それを逃さないためには、よく見ることが大事。落ち着いて見ていないと、見誤ってしまう。深呼吸して、全体を見渡して、ゆっくり細部まで見ていけば、見落としは減る。

【事業開発部】

・企画とは出会いだ（おやっさんの言葉）
企画とは、出会いを面白がる心の余裕。同じところにいても、出会ったことを面白がらなければすれ違って、通り過ぎていくだけ。二つの価値が出会って（組み合わさって）新しい価値が生まれる。

・価値は6つに分類される（おやっさんの言葉）
機能、価格、時間、感性、希少、社会

・企画とは「違う」ということ（おやっさんの言葉）
人と違うタイミング（早い）、違う角度から見る、自分とは違うことをする人を楽しむ、多様性を楽しむ、いつもと違う行動をしてみる、小さな奇跡を起こし続け

てみる

他にもいろいろとあったような気がしますが、今日はこのあたりで。

池田

18

取材再開のトップは、経理部にした。まず取締役部長の山下にあいさつした。

「山下部長、今日は、森脇君の話を聞かせてもらいます」

「はい、ご苦労様」

「そういえば部長、この写真のこれ、部長ですよね？　あんまり変わらないですね」

「うわあ、懐かしいの持ってきたなあ。神戸時代だな。変わっただろう。おデコが……。おい、森脇君！　じゃ、池田君よろしく頼むな」

来客テーブルに陣取った。

「経理は、皆さんも想像されるとおりの、現金出納や会計処理、財務など、社内外の手続きを担当しています。ここは特に話すべき内容もないです。意外と皆さんご存じないと思いますし、おそらく当社独自の機能だと思うのですが、経理部はフリージアのシンクタンクだと思ってください」

　これには池田も驚いた。

「シンクタンク？　総合研究所の？」

「はい。まあそれは少し大げさだとしても、ただ単に決算諸表をとりまとめるだけでなく、経営者が知りたくなるような数字を、ぱっと試算できるよう、準備を整えているということです。まあ詳しく言い過ぎても専門的になってしまうので、ざっくり言うとそんな感じです」

「いや、とても興味深いです。ほかに意外な話ありますか？」

「意外かどうかはわかりませんが……経理部というと、やたらと細かくて、ケチケチ、コツコツ貯金集団のように言われてますよね。でも、それは一種のパフォーマンスなんですよ。誰かが『締まり屋』にならなきゃいけないですからね。でも、その正体は、ドカーンと大きな借金をして、ドカーンと豪快に使ってしまう、そんな部署でもあるのです。会社にとって資金は『最大の道具』です。コツコツと貯めること自体に大きな意味はなく、いざ必要となった時、有効活用してこそ意味がある。勝負の時、使えるお金を結集できるようにと、各セクションで意識を統一しています。

　大山社長が亡くなる前、新製品の大型キャンペーンがありました。そろそろそういう時期だと、それ以前から準備は進めてありましたが、山下部長は企画段階から情報を収集するよう指示していました。私は、融資の交渉を担当していましたが、着々と準備していました。いざ社長の決済がおりた時には、大口の融資を含めて、すべての段取りがついていたんです。おやっさんに『さすがにうちの経理は優秀だ』とほめていただいたのが、一番うれしかったですね」

総務部は、どの会社でもそうだが、労務、各種規定、車両、設備、文房具……とにかく管理しなくてはならないものが広範囲だ。知識豊富で、なんでもそつなくこなす四十一歳の下田部長が率いている。

「下田部長、お忙しいところすみません」

「本当だよ。まあ、うちのエースに『フリージアの総務はここがスゴイ』ってとこをよく聞いてやってよ。益子君、悪いけど対応して、社内報」

「はい。よろしくお願いします」

益子めぐみは短大を出て四年目。中心スタッフとして活躍している。

「総務の仕事は、とにかく先手必勝です。後手に回ると極端に効率が下がり、時間的にもコスト的にもムダが発生します。わかりやすい例で言えば、文房具の在庫が切れていれば、すぐに注文しても届くまで時間のロスです。最悪の場合、走って文具店に買いに行かないといけません。あらかじめ準備するのであれば安くロット買いできる。そう考えると、計画外の動きにムダが多くなるのがおわかりでしょう。設備や車両も同じで、壊れてから買ったのではロスなんです。総務が扱う『管理すべき物』は、すべてリスクに対して備えるものなんです」

「今の益子さんの話、すごくわかりやすかったです」

「ありがとうございます。そこで重要になるのは、過去のデータの蓄積です。年間スケジュールを常に最新情報に更新して、リスクを予測していきます。ここで一つ試していいですか？　池田さん、ジャンケンしましょう。――ジャンケンポン」

池田はパーを出したが、負けた。益子が言う。

「次もまた私が勝ちますけど、やりますか？」

「えっ？　あ、はい、お願いします。ジャンケンポン」

今度はグーだが、やはり負けた。

「はい。このとおり。次はついに負けそうかなぁ……という気もするんですが、一応やってみます？」

「はい、お願いします。ジャンケンポン」

なんと今度はチョキで負けた。益子が上目づかいに池田を見て、にこっと笑った。

「どういうことなの？　これは――」

「下田部長は茶道をやられていたということで、いろいろ面白いことを教えてくれるのですが、これもその一つです。一回目、いきなりジャンケンポンと言われて、わけがわからないままフワっと出しましたよね。こんな時、突発的なことがなければ、人間の手はパーになりやすいんです」

「確かに出したね」

「次に、『また私が勝ちます』って言われて、ちょっと気合い入れて、勝とうという気になりませんでした？　今度はタイミングもわかっているし、ぐっと力をこめた。やはり突発的なことがなければ、この場合はグーが出ます」

「出たね。今度は勝つぞって力入ったわ」

「次はちょっと誘導しました。池田さんが勝てるかもって。そうすると、どんな勝ち方をしたいかが出るんです。勝った時のポーズとして、どれがいいか。池田さんみたいに、外見に気をつかう人は、チョキが多いかな。これは経験から来るカンです。でもパーで勝ちたい無邪気な人、グーで勝ちたい地味な人、チョキで勝ちたい派手な人っていう傾向は確かにありますよ」

「なんと……おそれいりました」

益子は胸を張って続けた。

「総務部って、もしかしたらイメージとしては、頼まれたことに対応する『雑用係』だと思うのですが、まあ確かにそうではあるのですが、どれだけルーティーンワークで準備ができているか、守りではなく攻められるか。それが『チーム下田』の考え方なんです。ジャンケンは余興の一つですけどね。小さな情報も見逃さず、全力で準備せよということです。ですので、データにない、なにか突発的なことがあるときは、ぜひ総務にご一報くださいね。みなさん、総務のことはだいたいお忘れになるので」

「いやあ、益子さん。お忙しいところありがとうございました。下田部長、ありがとうございました」

「お、終わった？　総務部を見直したかい？　なんかあったら言ってくれな」

19

「社内報のために出張？　池田君が？　何をムダなことやっとるんやろうねえ、神宮前は。それより、社長や今井部長に、たまには大阪に来るように言っといてや」

大阪・西日本支店長の石尾が言った。東京出身なのだが、大阪に転勤になって十五年以上経つので、ヘンな関西弁になっている。内容は辛辣だが、口調と表情は笑っている。

「最近はなんか東京のことがよう分からんようになったなあ。出張旅費削減でＴＶミーティングばっかしやしな。とにかく関西のお客さん大事にする気あるんやったら、せめて半年にいっぺんは東京本社の人があいさつに来なあかんよ。そうすると、私らもウンとやりやすくなる。おやっさんもコンさんも、よう来てはったで」

「必ず言っときます」

「どうなん？　今、神宮前は。今度、ドレッシングの品数絞るとか言うてたけど、急に言われてもよう対応せんよ。それと、関西の売れ筋には絶対、手えつけたらあかんよ。むしろ関西向けの商品をもう少し開発して欲しいわ。最近は他社のたとえば『白だし』とか『うどんスープ』も全国区になりつつあるやんか？　行けるって。それも言うといてな。とにかく、最近は、こっちへの伝え方が雑やわ。こっちの実情も伝わっとらんのかなと心配になる」

池田は、ただただ聞き役に徹するしかなかった。

「新ツートップが、なんか暗いやろ？　おやっさんとコンさんに比べて。基本的に、こっちでのウケが悪いんや。それもあるから、顔出してもらわんとな。もっとも、関西は関西で勝手にやったろっていう感じもあるなあ、最近は。かえって団結できとるかもしらんし。『美味しさでもっと幸せを』の混じりっけなし、純粋培養や。神宮前よりもフリージアらしくなっているかもしらんよ」

池田はここぞとばかりにたたみかけられた。

池田君

取材がんばっているようだね。前回の座学、「営業部」と「事業開発部」在籍中に学んだことについて返信する。

うん、ポイントを押さえていたね。どれも非常に重要なことなので、常に思い出すようにしてほしい。気がついたかな。フリージアは、企画の大山と営業の近藤の二人がそろった時に、会社の形ができた。

企画したものを売り、売れたお金で企画する。これが「成長サイクルの基本形」なんだ。

最低、この二つが機能すれば、商売になるということであり、逆にこの二つが機能しないと、商売にならない。それくらい企画と販売は大事だ。

コンさん

コンさん
経理部の森脇君、総務部の益子さん、二人の若手スタッフに話を聞きました。それぞれ山下経理部長、下田総務部長という、「おやっさんとコンさんのフリージア」の遺伝子を持つ者たちが、しっかり後進を教育しているという印象を持ちました。

それと二人とも上司を尊敬し、信頼しているのが伝わって来ました。それがチームワークの良さに繋がっているのでしょう。企画が頭脳、営業が顔と手足だとしたら、経理は心臓と血管、総務は胃腸などの臓器でしょうか。若いスタッフまで、主体的に仕事に取り組んでいるのが、本当に頼もしかったです。彼らのやる気をもっともっと刺激すれば、もっともっといい仕事をするでしょう。

大阪の石尾支店長はあいかわらずパワフルでした。東西のコミュニケーションが足りないようで、しきりと社長に来て欲しいと言っていました。

池田

池田君

報告ありがとう。ツートップが焦っているようだが、社員たちは案外としっかりしているようだな。

企画と販売がかみ合えば、好まなくても会社は成長する。安定的な成長のためには、経理や総務など管理部門が非常に重要になる。チームを下支えする裏方のスタッフがいることで、表舞台のメンバーがより得意分野に集中できるようになるからだ。難しいのは、面倒な仕事を受け持ち、縁の下の力持ちである彼らのモチベーションをいかに高く保つかだ。意気に感じて仕事ができるよう、経営者や上司が注意を払う必要がある。

さて、実は大山嘉子さんから気になる情報があった。それと絡めてということになるが、二つほど頼みがある。まず三浦常務に、社内報と社史、それと、大阪からの要望を伝えるという名目で接触し、ツートップの最近の様子をさぐってほしい。

もう一つは、小野田朋美さんから、白川社長の最近の出勤状況に何か変わった点がないかを確認してほしい。

親しき仲にも「守秘義務」ありなので、彼女に職務規程違反をさせないように気をつけてくれな。

コンさん

20

ある日の社長室。白川は、自分が言い出した賞味期限延長版の「ＬＬドレッシング」を実現させるべく、企画担当の常務の三浦を呼んだ。

「ドレッシングの賞味期限は短すぎませんか？」

「と、おっしゃいますと……？」

「新鮮さが大事なのは、まあその通りです。でも、通常いっぺんに使い切ることはなく、冷蔵庫で保存します。気が付いたら賞味期限が過ぎていた……よくあることですが、消費者にとっては好ましいことではありません。賞味期限がもう少し長ければ、この事態が減らせて、節約志向にフィットするのではないでしょうか」

「……消費者の大半の方も勘違いされるのですが、賞味期限は、『美味しく食べられる期限』のことです」

「もちろん知っていますよ」

白川は、明らかな侮蔑の目で三浦をにらむ。

「でも、開封後の食品については、その期限まで美味しさを保証するものではありません。あくまでも『開封後はお早めにお召し上がりください』なんです。実際開封してしまえば、酸化によって風味は一気に損なわれ、品質は下がり続けます」

「そういうことですか。でも一般には賞味期限までは冷蔵庫に入れておいて、過ぎたら捨てるという人が多いですよね？」

「はい、それはおっしゃるとおりです」

「別の話ですが、単純に賞味期限が長くなれば、販売店の側でもロスが少なくなるということですよね？　で、賞味期限を長くしたドレッシングを新商品として投入できませんか？」

「――しかし、新鮮さが売り物のひとつですから、それを延ばすというのは……」

「発想が固いですね」

「……『美味しさでもっと幸せを』というスローガンにも反するのではないかと」

「それであればスローガンを変えましょう。『美味しさをもっともっと』に」

「えっ？　変える？　それは――」

「『美味しさでもっと幸せを』もいいのですが、この厳しい競争の世の中で、『幸せを』ではあまりにも甘く、あいまいすぎます。もう少し地に足のついた、現実路線が良いと思っています」

「――私は、反対です」

「まあ、そうでしょうね。賞味期限の長いドレッシングは、ＬＬドレッシングとして、製造部長に検討を指示してあります」

「製造部長はなんと？」

「いえ、特に。やるという前提で検討していると思います」

技術的にも、安全面でも大きな問題はない。問題は、「そちら側」に方針を変えるという企業姿勢そのものだ。

「なにか問題がありますか」

「――企業の姿勢として。今のお客様は甘くないです。新鮮でいいものをという理由で、当社のドレッシングが選ばれているのではないでしょうか。それが大手との差別化でもあります」

「三浦常務は、反対なんですね？」

「はい、正直言って食品を取り扱う企業としていかがかと。ネットで『金儲け主義』などと叩かれかねませんし、心配です」

「そんな心配がありますかね」

「長い時間をかけて築き上げた信用を、そんな印象で傷つけるのは避けたいです。印象は怖い。悪いニュースほど心に強く残るものです。ネガティブ情報のインパクトの方がどうしても強いですから」

「私のアイディアに、ことごとく反対なんですね」

「いえ『社長の』という意味ではありません」

「わかりました。そこまで反対されるのであれば止めましょう。ところで、神戸の……あの御影の研究所。もうあまり使ってないですよね。この際、再活用ということでとり壊し、活用についてよく詰めて考えてください。金額によっては、売却も含めて。あのあたりは、高級マンションで高くいけそうです」

「……あそこはフリージア発祥の地です。大山前社長が『いつでも思い付いたら実験できるように』と道具一式とともに保管していて……」

「知っております。でも、今は誰かやるのですか？」

「いえ……ですが……我々の心の拠り所であり……」

「そのような余裕はありません。上場した際には、どうしたって資産の有効活用を求められることになるのです。まあ、今期中でなくても、いずれよく詰めて考えてください。三浦常務、考えてくださいね」

「――はい」

三浦は、重い足取りで自分の部屋に向かった。

21

池田が三浦に内線したのは、そんなタイミングだった。

「そうか。君の都合がいいなら、今いいよ。外に行くか。じゃあ五分後、下で」

三浦には気分転換が必要だった。玄関で池田と落ち合い、オフィス近くのカフェに連れて行った。

「大阪の石尾君か。わかった。社長にお伝えする。それと？　社内報と社史か。いろいろ面倒な作業だな。ご苦労さん」

「おそれいります。ぜひ常務のご経歴などをお聞かせください」

「オレがフリージアに入ったのは、十九かハタチの時。創業二年目かな、もちろん神戸、御影の時代だ。若い頃、やんちゃでな。その後はしばらくバイトしながらフラフラしていたんだが、定職につこうと思って、それで職安で紹介されたのが、うちの倉庫の仕事だった」

「倉庫ですか？」

「ああ、注文が多くなってきていてね。それまでは女性の事務員だけで回してきたんだけど、物量が増えて、整理が追いつかなくなってな。商品の積み方とか、伝票のやりとりの方法とか、自分なりに考えて、ルールを作って管理したんだ。そうすると効率よく出し入れができるようになる。そんな工夫をするのが楽しくてな。またおやっさんやコンさんが、そういうのを良く見ていてくれるんだよ。それで『三浦君、それはうまいこと考えたな！』ってほめてくれるんだよ。それがうれしくて、もっと改善できないかなってな。下働きだったけど、オレにとっては面白い仕事だったよ」

「いやあ、目に浮かぶようです」

「そうだろう。あの御影の狭いところでな。まあ、その頃の仕事で体を鍛えたのが良かったのだろう、今も丈夫だよ。その後、だんだんとおやっさんの手伝いや、コンさんの手伝いをさせてもらうようになってな。下働きから、一般職レベル。そして、気が付けば、総合職レベル。こっちはほめられたい一心で言われたことをなんでも必死にやっていた、ただそれだけなんだけどな」

三浦のことを「イエスマン」と揶揄する声が一部にはある。だが多くの人は、ひたむきに努力をする三浦の姿勢に敬意を持っている――池田はそう見る。

「オレの本当の父親は、ろくでもない人間だったんだよ。思い出したくもない、語りたくもないようなね。そんなこともあって、オレはおやっさんを本当の父親だと思っているし、心から尊敬している。おやっさんの言葉を一つ一つ大事に胸にしまってやってきた。そのおかげで、とことん『目的』にこだわるのが習慣になったよ。それさえ正しくできていれば、おやっさんも、コンさんも、どんどん新しいことに挑戦させてくれたからな。その極めつけが、『東京支社長』だった。東京そして全国展開をスタートさせた頃は、まだ三宮の神戸本社の時代で、初めて東京に拠点を出すという時、その責任者にこの叩き上げのオレを選んでくれた。もちろん当初は、おやっさん、コンさんが、代わる代わるこっちへ来てヘルプしてくれたんだが、オレがいつもおやっさんならこうする、コンさんならこうするっていう考えだったから、名代である『東京支社長』にふさわしいと考えたんじゃないかな。それはもう身の引き締まる思いだったし、意気に感じたよ」

そこでの活躍が高く評価され、取締役へ、常務へと昇進した。特筆するような功績をあげたわけではないが、やるべきことを正しくやってきたことは誰もが認めている。

「時代が変わり、現在の当社では、三浦常務のような経歴をたどる社員はもう出てこないと思います。レジェンドと呼ぶ社員も……」

「はっ、やめてくれよ。前時代の『やんちゃの叩き上げ』なだけだよ。しかし次の時代の人たちに任せるとしても、ゆずれないというものはある」

突然、表情を厳しくして三浦が言った。

「池田君、企画にいて、商品の賞味期限を延ばそうって考えたことあるか？」

「いや、それはないですね。不健全な方向性です。消費者のメリットになりませんし、もしその変化に気づいた人は当社に不信感を持つでしょう」

「うん、その通りだ。しかしそういう思慮が働かない人が経営をやっているとなると、オレも簡単には道を譲れないという気になるじゃないか」

「白川社長ですか」

三浦は目を伏せながら、小さくうなずいた。

「スローガンの『幸せを』が気に入らないとも言っていた。それで企業として、あるべき方向性に進められると思っているのだろうか。――すまん。最後の方の話は全部オフレコだ。悪いな」

三浦は伝票を手に席を立った。

22

池田俊一と小野田朋美の交際は、ほのぼのと、ゆっくりと、順調だった。土曜日、朋美が初めて手料理をふるまってくれると言う。午前中、三軒茶屋駅で待ち合わせし、カフェでこの日の計画を話し合った。特に目的もなく町を歩き、買い物をし、朋美の部屋で手作りの食事をしよう……。

「先に一つだけ仕事の話をしてもいい？」

「あら、なあに？」

ここ数日、朋美の口調がようやくうち解けた感じになってきたのが、池田にはうれしかった。

「あ、守秘義務に抵触するようなことは言わないように」

「──承知いたしました」

朋美は、テーブルに三つ指をつき、おどけて会釈した。

「──とかなんとかってコンさんに言われたんだけど、よく考えたら、コンさんの活動こそコンプライアンス[※4]的にめちゃくちゃだよなあ」

「そうね。でもまあ、レジスタンスだからいいんじゃないかしら」

「意外と過激なんだね、お……朋ちゃんは」

池田がリクエストに応えてニックネームで呼んでくれたのを見て、朋美は満足そうに微笑んだ。

「そうよ。知らなかった？　だって、最近、白川社長少し変なの。もともと詳細を告げない方だけど、定期的な京都出張も……」

「えっ？　京都？」

「うん、一カ月に一回ペースで週末は京都」

「週末か。その時点で通常の社業じゃないね。トップだから、そりゃいろんな可能性があるけど」

「で、最近急に増えたのが、スケジューラーの『P』。」

「それはどういう意味？」

「プライベートの『P』。会食もお仕事のうちだから、大山社長も近藤副社長も夕方から忙しかったの。当然、時にはご家族との時間とか、優先すべきプライベートの用事があって、そういう時は、別の予定を入れないよう、スケジューラーに『P』を入れてし

※4　法律や社会的な通念を守ること。法令順守と訳されることが多い。１９９０年代後半から企業の法律違反に端を発する事件が相次いで発生したことから、企業はより厳密に法律を守るべきという社会的要請が強まっている。

まうのね。でも白川社長はちょっと『P』が多いの。もともと多かったのだけど、それが最近さらに増えて、お取引先様との会食を入れられないほど。家庭も大切だけど、やっぱりトップのお仕事としては物足りない気がするわ」
「――うん。ありがとう。参考になった。はい、これで仕事の話はおしまい」
「はい、かしこまりました。本日の池田さんは、終日『P』ですね？　素敵な週末をお過ごしください」

朋美と過ごした「素敵な週末」が終わる日曜夜、池田は近藤にメールを送った。

コンさん
三浦常務によると、白川社長は、賞味期限を延長したドレッシングを画策したり、スローガンの変更「幸せを」を省く案をほのめかしたりしているそうです。
小野田さんによると、白川社長は月一ペースで週末に京都出張に行き、最近スケジューラーが『P』だらけだそうです。
池田

翌日夕方、近藤からノートを受け取った。いつもはさっと出て行ってしまう近藤が、久しぶりにメガネとマスクを外して顔を見せた。池田はすぐノートを開き、読んだ。

池田君

報告ありがとう。現状だが、白川社長の「コースアウト」と「クラッシュ」の危険性が高まっている。様々な状況証拠が僕にそう告げているのだ。僕は僕の優位な立場を利用して、クラッシュを防止するように動くことにする。これからしばらくは何が起きるかわからないので、とりあえずノートでのトレーニングはいったん終了にしよう。君への指導時間がもっと取れれば良かったが、まあだいたい大まかなところ、いいんじゃないかな。一応卒業だ。おつかれさま。ここから先は主体性を持って自分で考えてやっていったらいい。どんどん経験を積みなさい。

目的は何か？　目標をどこに置くか？

いまの状況で必要な行動は何か？　得られるもの、失うもののバランスはどうか。

決断の前にどう情報を集めるか。誰に相談するか？

決断の時は開き直る。前のめりの失敗はＯＫ。成長につながれば後悔することはない。

期待しているぞ。

コンさん

読み終わって顔を上げる。柔らかな微笑みをたたえながら、近藤が右手を差し出してくる。その手を池田がぎゅっと握る。ゴツゴツした近藤の手から、強い力が返ってくる。

「ありがとうございました。精一杯やってみます」

第五章

池田、企画を学ぶ

アイディアとイノベーションを生み出す環境とは

23

六月のある日、山沢は経理部長の山下取締役とともに社長室に入った。

「社長、残念ながら今期は業績が芳しくない結果になりそうです」

「もちろん、よくなっているとは思っていませんよ」

白川の言い方は、時として人のやる気を削ぐ。それでも山下は、淡々と報告する。

「今期はこのままいくと、減収、減益に終わる見込みです。マイナス幅としても、近年でもっとも大きくなりそうです」

資料を見ながら白川が言う。

「ＲＯＥ※5はどうでしょう?」

「悪化します。利益率と回転率のダウンが響きます」

「それは困りますね。金融機関への印象面でＲＯＥは大事な指標です。株式上場の計画にも支障を来たしかねない。期のまたぎの関係などでなんとかなりませんか?」

「経理部だけではなんとも。経費カットは予算通りあるいはそれ以上に、抜かりなく進めていきますが」と山下。それまで聞いていた山沢が口を開いた。

「ともかく、減益とはいえ黒字であることは変わりません。キャッシュもまだあり、実質無借金に近いので、あたふたする局面ではありません。いろいろ、シミュレーションしてみましょう。私なりに、アイディアを出させてもらいます」

「わかりました。私も案を出しましょう」

白川のまとめで、山沢と山下は退室した。


白川の焦りは募るばかりだった。自分が社長になってから、業績が良くなっていかないどころか、悪くなっている。普通の分析にかければ、先行きはジリ貧傾向にしか見えないだろう。初めのうちは、大山時代に習って直接報告をしたがる幹部が多かったが、今ではこちらから呼ばない限り、誰も寄りつかない。自信は揺らぐ一方だ。

企画からでも、営業からでも、何かきっかけになるような動きが出るのを待っているが、その気配すら感じられなくなってきた。

第一秘書の山口に、車の用意をするよう指示した。

「もう出ます」

「何かご手配いたしましょうか？」

「いいえ必要ありません。今夜はこれにてフェイドアウトします」

※5　自己資本利益率（return on equity）の略称。株主資本利益率とも。株主にとって，会社が株主の提供した資本を利用してどのくらいの収益をあげているかの目安になる指標。

「はい、かしこまりました」

山口は、「万事承知」という神妙な表情を作り、小さな声で返事をした。


「いらっしゃいませ」

銀座シャルマンは、並木通り旧ポルシェビルにある白川いきつけのクラブだ。店内はそれほど広くないが、落ち着いた和の雰囲気が漂う。まずまずの繁盛で、適度な活気が感じられた。一流企業の経営者や役員、著名人などのセレブリティが憩いの時間を過ごす。白川は銀行員時代、取引先の社長に連れてきてもらった。その社長も五年ほど前に亡くなり、その関係者の足が向かなくなっていた。入れ替わりに有名企業の社長となった白川がこの店に寄るようになったのだった。

初めてこの店に来た時に白川の席に付いたのが奈々だった。銀座の高級クラブは、六本木や他のエリアのクラブとちがい「係り制」が生きている。一度ママやホステスの客となれば、永久指名制となるシステムだ。白川が来店した時は必ず奈々が付く。その奈々も、いまやシャルマンのチーママだ。

白川は、奈々と会話をするのがこの上なく好きだ。というより、奈々が白川の心をつかむ会話をしているだけのことだった。そしてそれは赤子の手をひねるようなものだった。銀座のホステスは、美人だったら務まるなどという甘いものではない。男は自分を好きになってくれる女を好きになる。わずかな疑念も抱かせずに、その男が求める女になる。それができる女だけが、この華やかで厳しい大人の社交場で生きていける。

白川の来店回数は増えていた。奈々と食事をともにすることも増えた。そして奈々が好きだというので京都で会うことも増えた。

フリージアの社長に就任以来、白川は家庭に安らぎを感じられなくなっていた。妻・美恵の背中には大株主である義母・大山嘉子の姿が見えるような気がした。だが美恵の方はというと、社長夫人の立場を「お気楽に」楽しんでいるように見える。確かに大株主の相続権者なのは事実だから、身の丈には合っているけれども。

業績の悪化を避けたい。白川は代表取締役として当然抱くその思いを、家庭内にも感じていた。大株主である義母の配当や資産価値を減らしては立場がない。社長夫人には毎月会社から顧問料が支払われているが、もし業績が悪化すればこの「特権」にメスが入る可能性もある。万一そんなことになったら——白川は考えるだけで煩わしさのあまり体中がかゆくなった。こっちは意外と大変なんだ——美恵と顔を合わすたび心の中でつぶやき続けていた。

だから奈々に安らぎと温もりを求めるのは、白川の中ではごく自然のことだった。

白川は、奈々との会話の中で「業績をなんとかして上げたい」と漏らしたことがあった。ありとあらゆる一言に対応するのが銀座のホステスだ。異業種交流や、ビジネスマッチングも日常茶飯事。しばらくしたある日のこと。

「自分なりに確認してみたところ、義兄が役に立てるかもしれない」

奈々がそう言ってきた。そして紹介されたのが食品材料会社を経営しているという吉田克彦だった。

24

池田は、久々にフリージア・サプライ株式会社を訪ねた。既に夕方で、地下鉄の駅では帰路につくビジネスパーソンとすれ違う。狭い階段では逆方向に歩くのが少し辛い。

橘は、自分の机の上をすっかり綺麗にしていて、池田の到着を待っていた。

「おっ。来たな。外に出よう」

橘が池田を連れて行ったのは、東銀座にある寿司屋だった。

「ビールと、つまみを適当に！」

「ヘイッ。ビール一、グラスお二つ！」

大将の元気な声が響いた。

「連絡が来ると思っていたよ」

「えっ？　どうしてですか？」

「コンさんから手紙をもらったんだ。長い長い手紙をね。池田君、コンさんに仕込んでもらったらしいな。うらやましいよ」

「成長できたのか自分ではなんとも……」

「いや、オレにはわかる。決意と自信を顔つきから感じるよ」

「本当ですか？」

「いや、テキトーに言っただけだ」

「からかわないでくださいよ！」

あいかわらず橘との掛け合いは楽しい——池田は思った。

「それで、コンさんからの手紙ですが……」

「うん。君の調査と勉強の内容は一通り。ノートのコピーを見させてもらったよ。だから、コンさんが君に伝えたこと、君がコンさんに報告したことは、二人と同じようにオレも把握しているって思ってくれていい。

ただ、一部、黒く塗りつぶされた部分があって、そこだけはよくわからないんだ。あれはなんなんだ？　大山嘉子さんの家に行ったあたりだけど」

「あ……それは、本筋には関係ないので気にしないでください」

「そうか、わかった。――ところで、その後、小野田さんとはうまくいっているのか？」

「――知ってるんじゃないですか！　橘さんはホント、悪ふざけが好きですよねえ」

「はっはっは――。まあ、冗談はさておき、コンさんの手紙の話だが、ちょっと白川社長の行動に不審点が多いので、コンさんは警戒しつつ、調べてみるということだった。フリージア本体の舵取りを、君と一緒にやる覚悟を固めておけと。わからないことが多いが、オレはいつかこういうことがあるかもしれないと思っていた。でも君がパートナーになってくれるというイメージは正直なかったなあ。ただ、うまくやって行けそうな気はしているよ。これからもよろしく頼むな」

「こちらこそ、微力ですが――」

「その言い方はＮＧだ。こういう時は『任せておいてください』って言うんだ」

「はい。ところで白川社長は何をしようとしているのでしょう」

「そこは、コンさんから何もなかったんだ。白川社長にかなり焦りがあるようなので、間違った方向に舵を切ってしまうのではないか……そういう心配だろうな。ただそれは、コンさん含め、周りが注意して防ぐしかない。それより、オレたちがどんな形で、何をやっていくかだ。特に企画を準備しておく必要があると思うんだ」

「はい。そこに問題が集約されていると思います」

「うん。お互いに思うことがあればぶつけ合ってみよう。池田君は企画で力を発揮するタイプだと思っているから」

「はい。では思いつきをランダムに言っていきます。まず事業開発部で出していった企画を、ボツ企画含めて洗練させてみたらどうかと思います。ゼロか百かではなく、部分的に使ったり、組み合わせてみたり――そうしないと一つも出なくなってしまいます」

「ナイス・アイディア。さっそくやってみてよ。佐伯部長にぶつけると、あの人真面目だから大ごとになっちゃう。課員レベルでこそこそっと……」

「そうですね。それから、もしここで本当に橘さんがリーダーになる動きがあるのなら、絶対にいいチャンスなので、全社一丸となって、いろんな企画が連動するようにしたい……って思うんです。お金のかけ方が難しいなら、進め方というか、参加人数で盛り上げるような……」

「さすがコンさんが見込んだ人材だ。何をやるにせよ、新しいスタートはいい形で切りたいよな」

「はい。すみません、私ばっかり。橘さんのお考えも教えてください」

「うん。企画につまっていた状況を変えるには、今池田君が言ったように、全員参加の仕組みを作るとか、積極的な空気を作っていくのが一つ。それから業務提携とかタイアップとかM&Aとか、社外の力を利用するというのも一つの方向性だと思うんだよ。限界があってできないことなら、他社と組めばできるかもしれない。ちょっとうちはそういうところが弱いしな」

「そうですね。今、事業開発部の小島さんが中心になって高級雑貨ショップとの提携企画を進めているんですよね」

「ああ、そうらしいね。早く、いい形で実現できるといいな」

「私が一連の調査の中で、一番心配になったのが、白川社長が賞味期限の長い製品を検討したがっていたという話なんです」

「そうなのか。うーん。それって、食品製造業の『ダークサイド』なんだよ。品質下げてでもコストを下げたいとか、無茶な値引きしてでも売り上げ増やしたいとかね。暗黒からの誘惑に簡単に乗っちゃいけないんだ」

「なるほど。じゃあむしろ思いっきり反対の『ブライトサイド』に振ってみたらどうなんですかね。コスト無視で品質上げてみたり、賞味期限をぐっと短くしてみたり……」

「池田君、絶好調だね。今言った中に何か魅力的な新商品のヒントがあるかもしれないよ。『ブライトサイド』なんていう逆転の発想がいいよ。オレの中にある企画のエースは、オレの古巣のレストラン『ヴィータ・フェリーチェ麻布』との提携なんだ。こないだ君にフリージアに入ったきっかけの話をした時に思いついたんだ。あの店と提携することで、お互いにメリットが出せるんじゃないかとね。今、細々と研究中だ」

「あ、それがありましたね！　それですよ」

「うん。しかし――一人だけで考えている時より、君と話している時の方がずっと面白いな」

「そっちの方がずっと面白いです」

「本当にな。さすがコンさんだよ。こんな短時間で頼りになるパートナーを育ててくれたんだから」

明日からさっそく、二人で連絡を取り合いながら、「極秘プロジェクト」をスタートさせることにした。二人は、なんとも言えない充実感で満たされていた。

コンさん

仮免許を許され、さあ一人でやってやろうと気合いが入った反面、確たる自信がないというのが正直なところです。コンさんにすぐに読んでもらえないにしても、日々思ったことをノートに書き付けていくことにします。自分の頭を整理するためにも。

◉アイディアについて

・心に余裕のある時に、リラックスした状態で考える

・ギリギリまで追い込んでひねり出すやり方は、心も体も疲弊する

・どう評価されるかは気にせず、まずは思いつくまま列挙していく
・会議でアイディアを出す時も、まずは楽しい雰囲気作りが大事
・他人のアイディアを面白がる。良いところをほめる（橘さんはほめ上手！）
・否定したり、除外したりする作業はあと回しにして、とにかく思いつきを誘発する

池田

25

白川の役に立つかも――奈々がそう言って紹介した吉田が、フリージアを訪ねてきた。白川は、山沢と二人、応接室で迎えた。異様な風貌だった。つるつるに剃り上げた頭と、あごひげというスタイルは、一つ間違えば凶暴なイメージになるが、利発そうな眼差しと柔和な表情のおかげで「独創的」という印象で統一を保っていた。仕立ての良いスーツを着ていても大胸筋の発達がわかる。年齢は四十代半ばか――白川は踏んだ。差し出された名刺には、「株式会社ヨシダ　代表取締役社長　吉田克彦」とあった。吉田は、お茶を出した第二秘書の小野田朋美に会釈した。

白川の奈々への信頼は絶大だった。銀座の女はビジネスのなんたるかを知っている。

チーママの奈々は、普通の販売業の会社であればマネージャークラスの実力はある。その人脈となれば役員クラスといっても過言ではない。奈々が紹介したからには、それなりの人物だろう。吉田がフリージアの売り上げに貢献してくれることを期待していた。

吉田は無駄話はあまりせず、自社の活動領域について的確に説明をしていった。

「提携内容としてすぐに思い浮かぶのは、材料の安値安定供給と、新製品の企画と供給でしょうね。御社にとっては、仕入れルートの一つということです。特に企画に期待していただきたいです。他にもいくつか役立てていただけるアイディアがありますが、それについては、御社の情報を整理して、実現性が高ければ提案したいと思います」

そんな謎めいた言葉を残し、一度目の会談を終えた。

吉田が帰った後しばらくして、山沢が再び社長室のドアをノックした。

「吉田さんの会社、軽く調べたんですが、関連会社がいくつかあるようです」

「そうですか。ホームページにはあまり情報がなかったようですが」

「ええ、事情通に確認してみたのですが、それなりの実績を持っている会社のようです。現状の成績も悪くなさそうです。しかも、子会社を売却したいという案件があるらしいですよ。M&Aのブローカーが持ち歩いているようです。対象会社はフード・カスタマー・コミュニケーションとかいう会社です。調理・販売の実演や、店舗プロモーション企画をやっているらしい。派遣売上が多いとのことです」

「ほう、そうですか」

「吉田社長自身もこの会社は買収により傘下に入れました。現状、売上規模は八億から十億くらいあります」

「利益も出ているのですか？」

「非公開で、よくわかりません」

「なるほど。室長は、買収対象として検討すべきとお考えですか？」

「まだ、よくわかりませんが詳細に調査してみても……」

「――ふうむ」

「現在のうちは、本業の成長性を描き切れていません。ＩＰＯには成長のシナリオが必要です。外部の資源を取り込むことによって、そのシナリオを描くネタに出来るのではないでしょうか」

「ちょっと考えてみましょう」

池田は秘密プロジェクトの心臓部を作るために、古巣の事業開発部から二人を選抜した。空いている会議室で小林と笹木に会った。

「いやあ、ちょっともうきついですね。……僕と小林さんは佐伯部長にお願いして、事業開発部から外してもらおうとしているところです」

憔悴しきった顔の笹木がそう切り出したため、池田は焦った。

「え？　六人しかいなくなったのに、そういうわけにはいかないだろう」

「いや、小林さんから話聞いて、この部署にいたらちょっとヤバいことになりそうだと思ったんで……」

「どういうこと？」

「秘密厳守でお願いしますね。社長直々の特別案件があったんです。山沢室長を通じて、佐伯部長に話が来て、取り扱い注意の秘密扱いで小林さんに……」

「なるほど。新事業？　新製品？」

「うーん、まあ新製品なんでしょうが、『ＬＬシリーズ』を研究せよっていうことだったんですって」

「ああ、賞味期限の長いヤツだね」

「え？　なんで知ってるんですか？」

「ところで、小林君、笹木君、逆に超秘密事項なんだけど――」

「……なんですか？」

「橘さんが極秘プロジェクトを立ち上げるんだ。実現のタイミングはまだ見えないんだけど、企画をバンバン準備しておきたいんだ」

「まじっすか？」

笹木が驚いた顔を見せる。ここまで口を開かなかった小林が言う。

「待ってましたよ、池田さん。いつかこういう日が来るのを。オレ、池田さんの『ハッピー・クッキング』、外部にはペンディングってことにしてあるんですよ。たぶんやることになるから、契約事項は期間を引き延ばしてくれって。いや外部の連中、この企画うちでやれないんなら、ヨソに持って行きたいっていうんですよ。ライバルのジーンバービーなら食いつくって。それだけは止めてくれと」

「そうだったんだ！　ありがとう、小林。ついでにもう一つ、それぞれ企画はバンバン用意して欲しいんだけど、オレの新製品も検討して欲しいんだ。白川社長の正反対で、賞味期限は超短くてもＯＫ、値段も高くてＯＫなので、最高級品質、超美味のドレッシングを考えてみて」

「なんですかそれ！　めっちゃ面白そうじゃないですか。ぜひオレにそれやらせてください」

笹木が目をキラキラさせた。

「池田さん、ホント、橘さん中心のプロジェクト、絶対やってくださいね、絶対に。もうオレらが中心にならなきゃダメなんですよ。この会社は」

小林が真剣な目で池田を見つめて言った。

次に総務の益子を呼び出した。多忙なところ申し訳ないと池田が詫びる。

「どうしたんですか今日は。ジャンケンのリベンジ戦ですか？」

「いや、残念ながらそうじゃないんだ」

「違うんですか。何か突発的なことがあるんですね。当てますので、私の目を見てください」

「えっ？」

池田は面食らいながら、言われるままに益子の目を見た。

「はい、わかりました。極秘プロジェクトを立ち上げるんですね……中心人物は橘さん！」

「えええええ⁉」

池田はのけぞって驚いた。椅子が倒れそうになった。

「冗談です。さっき橘さんから電話がありました。もし池田さんが来たら、こう言うようにって」

「もうホント、あの人シャレがきついよね」

「で、総務部にご用となると、なんでしょう。過去のＣＩの資料を調べておくとか？」

「――正真正銘、恐れ入りました！　とくにロゴマークの変更について」

「はい、かしこまりました。時間をたっぷりいただけるととても助かります。デザイン変更をやる時、私、リーダーに指名してくださいね」
「はい、かしこまりました」

コンさん
極秘プロジェクトでは、最高級ドレッシングの開発を事業開発部の笹木君に、C I（今回のメインはロゴマークの変更です）を総務部の益子さんに任せる予定です。二人とも責任ある仕事に意欲を見せています。大変な仕事ですが、きっと真摯に向き合い情熱を燃やすでしょう。以下、自分へのメモです。

池田

◉任命責任について
・「押しつけ・丸投げ」と思わせないよう、定期的に進捗状況を確認し、情熱共有
・なんのためにやるのか〔目的〕、どこまでやるのか〔目標〕を定め、意識を統一
・責任の範囲を明確に定める。より成長できるよう「背伸びライン」に設定
・責任を持たせたことには口出ししない、悩んでいても答えを教えない（＝育成）
・育成・成長のために、任せながらも、目的、目標からズレないよう見守る

26

「たぶん、近藤さんが警戒しているのって、あの吉田っていう人だと思うな」

休日、池田の部屋。テレビ画面に流れるエンドロールに目をやりながら、朋美が言った。今終わったサスペンス映画で、身震いするような吉田の怖さを思い出したのだ。

「白川社長に会いに来るの？　どんな人？」

「最近、たびたび来て、社長室に入るの。高そうなスーツを着ているんだけど、スキンヘッドで口の下からあごひげを生やしている。なんかカッコイイんだけど、男性ホルモンが強そうで、怖そうなの……。お茶を持って行くと会釈をしてくれるんだけど、その視線が冷たくてゾクゾクってする」

「どれくらいの年齢？」

「うーん、四十代半ばかなあ」

「気に入らないなあ。朋ちゃんをゾクゾクっとさせるっていうのが一番気に入らない。もう目を合わせないようにしなよ」

「心配してくれてるの？」

「――そうだよ！」

悔しそうな顔をしながら、池田は朋美の肩を抱き寄せた。

白川は社長室に山沢を呼んだ。

「先日の話ですが」

「はい。買収の件ですか」

「あ、そうですか。私は社長はご興味がないかと……」

「ええ、そのなんとかっていう傘下の子会社の買収にはあまり興味がないんです。吉田氏の会社本体に、第三者割当増資※6で出資するっていうのでどうでしょう?」

「うーん、出資だけでは、当社の連結決算には影響がありませんので……」

「十とか十五パーセントとか、そういうケチなことを想像されているんですね」

「えっ、ええまあ……」

「発想が矮小ですね。良い対策の一つも出て来ないのは、そういうところに原因があるのではありませんか――」

白川は思わず声を荒げ、丁寧な言い方で無礼を言った。山沢を見下す表情を隠そうともしない。山沢は、白川を横目でにらみ、すぐにそっぽを向いた。矮小? その言葉、そっくりそのまま返そう。もう大人物の仮面は脱げている。

――十秒くらい沈黙が続いたろうか。

「五十一ですよ」

「過半数ですか？」

「そうです。少なくとも五十一パーセントになるよう出資し、うちの傘下に入れます。子会社として連結の対象にします。本体全部入れれば、三十億か四十億くらいの規模があるんでしたよね？　一気に、うちの成長ストーリーも描けるというものです」

「へえ、なるほど」

「それに、あの吉田という男、頼もしいところがあります。腹があるといいますか」

「はあ――」

「彼を当社の取締役にしようと思います。そして、将来彼をトップにしてもいいですしね。場合によっては、タイミングを計った上で、合併するのもいいかもしれません」

「ええ？　そこまでですか？」

「それくらいのことを想定していかないと。フリージアの飛躍的、爆発的な発展は見えてきません。まあ、任せると言っても、私は会長職でコントロールして『院政』をしきます」

※６　第三者割当増資（だいさんしゃわりあてぞうし）とは、株式会社の資金調達方法の一つであり、概ね、株主であるか否かを問わず、特定の第三者に対して募集株式を割り当てる方法による増資のことである。

「――吉田さんという人は大丈夫なんでしょうか」

この質問が白川のスイッチを入れた。

「他人のことはいいんだよ！　大丈夫ってなんだ？　じゃあ、あんたは大丈夫なのか？」

隠していた白川の攻撃性が突如として現れた。山沢は一瞬、何が起きたのかわからなかったが、不思議なほど早くその動揺はおさまった。気の小さい男に重圧がかかり続けると、いつかはこうなる――心のどこかで予想していたのかもしれない。

「いえ、確認の意味で申しただけです。では、M&A専門のアドバイザーも手配し、よく詰めて考えてみます」

これ以上混乱させないよう、山沢は白川が言いそうなことを先回りして話をまとめた。

「はい。室長主導で進めてください。お願いいたします」

べつになにごともなかった。白川はそんな顔を作って山沢の表情を見ようとした。

その時、山沢は頭の中で数字をはじいていた。――白川もまた同じようにこの計算をしたということか。

白川はその前に吉田と個別に会っていた。吉田から一対一で会いたいと要望があったのだ。

「メインのビジネスを検討する前に、一度お互いの将来ビジョンについて夢を語り合うのもいいかと思いましてね」

音量は低いが、凄みのある声で吉田が言う。この声は「夢」という言葉が似合わない——白川は思った。吉田が続けた。

「あなたは今、経営者という立場ですが、もともとは『銀行家』『バンカー』です。だから、私が目指しているものを聞いても、笑わずに、ご理解いただけるのではないかと思っています」

白川は銀行員ではあったが、自分を銀行家やバンカーであると思ったことはなかった。だが、言われて悪い気はしなかった。

「私が目指しているのは『資本家』です。会社の経営はそのための手段にすぎません」

明快だ——白川は思った。吉田の言っていることも、言い方も、声も、わかりやすかった。吉田はたたみかけた。

「バンカーのあなたなら、きっとこの野心を共有し、持てる力を合わせることができる——そう思っています。お互いに足りないものを補い合えるパートナーになれると」

元銀行員であり、現・経営者の白川も当然わかっていた。経営者は苦労して会社を経営し、利益を確保する。苦労の結晶である、その残った利益は、特になんの苦労もしていない株主が持っていく。どんなに優れた経営の知識も技能も、「事実上の雇い主」である株主を利するためにある。フリージアであれば、超大株主の大山嘉子のためだ。さらに吉田が語る。

「私は『食品材料屋さん』になるために経営者をやっているわけではない。あなたも別に『ドレッシング屋さん』になりたくて、苦労して経営者をやっているわけではないでしょう？　味の付いた油を作って売ることに満足などしていないでしょう？」

吉田の声は頭の中によく入ってきた。まったくその通りで、非の打ち所がなかった。

「吉田さん、あなたの夢、とてもよく理解できます。その夢、私も一緒に実現させたいです。お互いに何ができるのか、もしお時間があるのでしたら、このあとじっくり話し合いましょう」

ティールームからレストランさらにバーへと場所を変えながら、二人は距離を縮めた。

第六章

池田、人を理解する

多くの人を動かす「巻き込み力」を身に付ける

27

事業開発部の部長・佐伯は、今日のプレゼンテーションが、部の存在意義を賭けてのものになると、決死の覚悟を決めていた。社内を活気づけるために、新しい取り組みが必要なのは、誰もが感じている。全社の期待を浴びながらも、ここのところヒット企画が出せていない。担当の小島も重圧を感じていたが、統括の三浦常務、佐伯部長のサポートも受けて、長時間にわたって細部を練ってきた。いよいよ勝負の時だ。

今回の大型企画は、平たく言えば「高級路線の新ブランドを立ち上げる」ことと、それを一気に周知させる「キャンペーンの実施」が二つの柱だ。ブランドの名は『ＭＡＭＩＮＮ（マミン）』。この提案名を「マミン・プロジェクト」とした。

マミンはハワイとシンガポールでは、すでに人気ブランドとして定着している。南国のリゾートをイメージさせるカラフルな色遣いが特徴的で、トイレタリーやテーブルウェアなどの雑貨をメインに展開している。主体のマミン社は、シンガポールに本社を置く。今回、マミンは巨費を投じて、日本進出を計画している。現状は東京と大阪の高級ホテルに二店のみ出店していたが、今回、アンテナショップを首都圏、京阪神圏、中京圏で合わせて十五店、一気にオープンさせる計画だ。

マミンはリゾート風な生活スタイルを提案するというコンセプトの中で、『食』にもこだわりを見せ、フリージアの企画部隊と偶然の出会いを見せた。

提携案は、フリージアとしては、権利料を支払って「マミン」ブランドの使用許可を得る。マミン側からは、ソース、ドレッシングというフリージアの得意分野以外に、トマトケチャップとグリーンペッパーソースを必ずラインナップして欲しいという要望があった。

一方、マスメディアを使った店舗オープンの宣伝や、当日イベントの実施は、マミンからの受託によりフリージアが行うというものだ。

三浦を通じて、白川と山沢にあらかじめ概要を伝え、以前から方向性は確認していたものの、具体的な事業の規模や分担などについては、これが初めての説明だった。

スクリーンに「ご静聴ありがとうございました」と投影され、映像が終わり、説明係の小島が頭を下げると、室内が明るくなった。レジュメから目を上げ、白川が口火を切った。

「これを、現状のテコ入れ策として、早急に進めてはどうか？と、そういうご提案ですか？」

よっこいしょと言うのは我慢したが、佐伯が重そうな体を持ち上げて答えた。

「はい。本来であれば相当な宣伝広告費が必要になる新製品の告知を、相手先の『上陸作戦』に相乗りさせてもらえる、またとないチャンスだと考えています」

「それでも、この分担金だけでも、年間予算に匹敵する広告宣伝費であることはわかっていますか？」

山沢がめんどくさそうに言った。それを白川が引き取った。

「もっといろいろとご説明されたいこともあるでしょう。しかし、本件はやらない。やりません。タイミングが違えば、別の選択肢もあったかもしれませんが、現在当社は、社内の事業を整理し、対外的に安定感のある企業の成績を示す必要があります。それにより、もっと自由で大規模の資金調達が可能になります。売り上げと利益を早急に拡大し、株式上場を急がなければならない、そういう時期だということを、もっともっと意識してください。厳しい言い方になりますが、そういう時に、出してきたのがこの企画だと知り、私は失望しました。幹部のみなさんには、もう少し経営的センスというものを持っていただきたい」

三浦も佐伯も、何も言えなかった。小島は敗北感にうちひしがれているようだった。

このニュースは、事業開発部の小林を通じて、すぐに池田に伝わった。池田は小島と打ち合わせを要望した。

「どうした？　社内報はスキャンダルも扱うのか？」

「小島さん、そんなこと言わないでくださいよ。例の案件ですが、完全には切らないようにしておいてもらえませんか？」

「どういうこと？」

「実は次はもっと大きい複合的なプロジェクトを計画する予定なんです」

「寝言は寝てる時に言ってくれよ。そんなものが……」

「いや、ツートップも、ずっと今の態度のままでいられるかどうかはわかりませんから」

「それはそうだけどね」

「その他の企画、ボツ企画含めての練り直しを、小林と笹木がすでに始めていますので、小島さんもしょんぼりしてないで、合流して助けてください」

「えっ、そうなのか？　なんのことだかさっぱりわからないが、とりあえずわかった。池田、急に頼もしくなったな」

「……そうですか？　社内報やるようになって、全社を元気づけようと張り切っているだけですよ」

　以前にいろいろと教えてもらった古巣の先輩にほめられたのはうれしいが、今はそんなことで満足している場合じゃない。

池田は、経理の森脇にも再度話を聞いてみた。

「実際のところ、今どんな状況なの？　うちの会社って」

「基本的に何も問題ありませんよ。キャッシュフローも計画通り。もちろん売り上げの微減傾向が止まらないというのは大いなる懸念材料ですが、すぐにどうこうということではないです。結局、事業の先行きが問題なだけなんです。もし期待できる事業があったとして、キャッシュが足りないのであれば、うちの信用力なら銀行融資受けられますからね。そのための布石は、山下部長が常に打っています。僕の印象だと、逆に銀行はうちへの融資をやりたくてしょうがないんです。他の銀行に出し抜かれないよう、必死で食らいついてきていますから。とにかく事業次第。池田さん、早くなんか持ってきてくださいよ！　あ、もう今企画じゃないんでしたっけ」

「了解。今でも企画だよ。部署は違うけどね」

28

「例の案件の調査は進捗していますか？」

社長室、白川は、山沢に余裕の笑みで問いかけた。

「ヨシダ本体の買収の件でしたら、最終の細かいところはまだ残っていますが、だいたい見えてきましたね」

山沢はプレゼンテーション・アプリでまとめた資料を白川に示した。

「まあシナリオとしてはこんなもんでしょうね」

「はい。そろそろ打診を始めましょうか」

「そうしてください。大まかなところは、私から先に吉田さんに話しておきました。感触は悪くなかったですよ」

「そうですか」

「流れとしては、当社がヨシダの第三者増資に応じるという形です。増資が完了すると、ヨシダ株の五十一パーセントがうちの保有となり、連結会社になります。原資は、内部留保金プラス銀行借り入れ。どうでしょう、室長。仮に銀行借り入れがゼロでも、なんとかいけそうでしょうか。それくらいのキャッシュは作れるのではありませんか。場合によっては、御影の土地も足しになるでしょう」

「そうですね。経理の山下部長は、あまりいい顔をしていないんですよ。資金繰り面で不安があるとか、算定株価が高すぎるとか……」

「なんだと？　ちっ……」

舌打ちしながら、秘書に山下を呼ばせた。

山下が、急いでかけつける。

「山下取締役経理部長。例の出資案件ですが、あなたが反対しているというのは本当ですか？」

「いえ。反対ということではありません」

「出資によって結果、運転資金がギリギリになるとか、あとは算定株価がどうのこうのとか……」

「いえ、私の立場上、確認させていただいたまでです」

「企業規模の拡大、経営資源の多様化により収益基盤の安定化、多少の『のれん代』は見なければならないが、それは利益を出せることの裏返しです。先を見越しているわけなので、上場主幹事の日村証券も理解するでしょう」

「はっ」

「では、賛成ですね」

「——正直なところ、詳細がわからず、賛成反対を申し上げられません」

「ならば、それでけっこうです。あとは、借り入れの可否については確認をお願いします。まだ相手先の社名は出さないように。先方の都合もありますので」

「はっ」

「算定株価は、上山会計事務所の上山先生に見てもらってください。安くなくてもかまいません。事業成長に必要な〝時間を買う〟というメリットを得るのですから」

「はっ」

「引き続き、よく詰めて考えてください」

「はっ」

山下が退出した後、山沢はそのまま残された。


「山沢取締役経営企画室長、この件、あまり理解してないのではありませんか？」

「と、おっしゃいますと？」

「五十一パーセント持って、連結規模が大きくなって、ＩＰＯをして――それでおしまい、と思われていませんか？」

「と、おっしゃいますと？」

「以前申したとおり、まず五十一パーセント、そして将来ヨシダを吸収合併します」

「はい、そこまではうかがいました」

「そうでした。さて、フリージアの話です。今、大山家は六十八パーセントの大株主だ。正確には、その大半が大山嘉子で、ほかに白川美恵と大山企画の合計。三分の二強ですね。他の大口は近藤さんが二十パーセント程度。私はほとんど持っておりません。ストックオプション※7の行使により少々……というところです。簡単に言ってしまうと、牛耳られてるってことです」

「はぁ」

「もし合併すると、吉田氏の持っているヨシダ株四十九パーセントはフリージアの株に変わります。両社の価値計算によりますが、彼はフリージアの大株主の一人になります。大山家は、筆頭ではありますが過半数を少し下回るくらいになるでしょう。この時点で拒否権を失います。さらに、その後、株式上場ができれば、売出しと公募増資の結果、当然大山家の持ち株比率はさらに低下します。もしIPOできなかったとしてもいいんです。資本金は少ないし、どこかの値段で第三者割当でもさせて、支配権を渡すことにより、事実上の事業売却ができる。ファンドなどはすぐに飛びつくでしょうね。そういった一連の株式の取得、売買の中で、私も財産を作らせてもらいます。あなたもこういった縁ですので、どうぞご一緒に――」

「――なるほど」

「あまり驚いていないようですね」

「ええ、ちょっとシミュレーションしてみたことがありますので。それで、吉田氏はフリージアの役員になって、その後はどうされるんでしょう。ご納得されるんですか?」

「彼にしても、まずは自分の会社の株が流動化し、カネに近くなるわけですから、とりあえずそれでいいわけです」

「ところで、もし合併したとして『何をする会社』なんでしょうか。なんだか性格がボケてしまって、わからなくなるような気がするのですが」

「ボケてしまっているのはあなたですよ、室長。しっかりしてください。会社は資本家のためにあるんです。その先のことは『ドレッシング屋さん』をやりたい人が考えたら、それでいいじゃないですか」

数秒の時間を置いて、山沢は言う。

「――なるほど」

「意味、わかりますよね？」

「ええ、はい」と、山沢の頭の中はまた激しく回転していたので、出てきた返事はあまりにも事務的になってしまった。

29

池田は、「極秘プロジェクト」に対する支援者を秘密裏に拡大していた。特に事業開

※7　ストックオプションとは、予め決められた価格で自社株を買う権利をいう。予め決められた価格が時価より安かった場合、この権利を与えられた者は利益を受ける。これによって、会社は取締役や使用人の意欲や士気を高め、一方で会社は株価の値上り益を通じて、取締役や使用人に将来の報酬を与えることができる。

発部は、小島、小林、笹木が、本業そっちのけで、極秘プロジェクトの企画に没頭していた。もっとも本業では、「金をかけるな」が合い言葉なので、やれることがあまりない。

それにしても池田は命令外の仕事に精を出すという状況は好ましくないと思い、佐伯部長を飛び越して三浦常務に話をすることにした。いつもずっと板挟みになっている佐伯部長に、また責任を持たすのはあまりにも気の毒だと思ったからだ。

「おう、社史は順調か？　生きた情報があるうちにまとめておかないとな。今日はなんだ？」

「今日はまた別件なのですが……常務にお願いがあります」

「なんだ、オレにできることか？」

「事業開発部の企画なのですが、社長と室長に却下されたものを、改良の上、継続して企画を進めさせてください。佐伯部長にお願いしても、結局ツートップに却下されて終わりでしょうから、常務にお願いする次第です。常務の許可で企画の継続を『黙認』していただきたいんです」

「――池田君の言いたいことはわかる。だが、それは組織人としてできないことだ」

「常務、フリージアは今のままではダメです。おやっさんとコンさんのフリージアがつぶされます」

「それはそうだが……」

「次世代は、橘さんと私が担います。どうか応援してください」

「——おお？　もちろん、君たちを応援するが、それはどういう意味だ。何をするつもりだ？」

「……その『何を』『いつ』するつもりなのかがハッキリしなくて申し訳ないのですが、とにかく次の世代がフリージアをしっかり受け継げるよう、準備したいと思っているんです」

「よくわからんが、言ってることは悪くない。若い世代の努力を応援するよ。とりあえず却下された企画の継続検討を、オレの責任で黙認すればいいんだな。よしわかった。思いっきりやったらいい。佐伯部長にはオレから言っとく」

「ありがとうございます。おやっさんに言っていただけたような気がして、すごく心強いです」

「そうか。それは良かった」

コンさん

白川社長が株式上場と号令をかけても全社的な機運が盛り上がることはありませんでした。でも、橘さんが極秘プロジェクトを立ち上げたと言ったら、多くの人が自分にも参加させて欲しいと言います。この差はなんなんでしょうか。人気の差、キャラクターの差と言ってしまえばそれまでですが、業績をアップさせたいという思いはどちらも同じはず。本当に不思議です。協力したいと思わせる何かと、協力したくないと思わせる何かがあるように思います。

◉ついていきたい、一緒に仕事をしたいと思わせるリーダーの力（巻き込み力）
・情熱や本気度は伝わる。影響を受けて自分も一緒にやってみたいと思う
・仕事への真摯さが欠けていれば見抜かれる
・個人の特性に配慮したチームを編成する力がある
・リーダーに魅力（明るさ、元気さ、率直さなど）があれば、どんな苦労も充実感に
・権力や金品で支配しようとしても、あまり充足感は与えられない
・リーダーの行動や言動に、私利私欲、不純な動機がかいま見えてしまうのは論外

池田

山下は、メインの今井銀行とサブの稲穂興業銀行に打診した融資話について、山沢に説明した。その上で、山沢とともに白川に報告することにした。
「社名を具体的にはしていませんので、正確な回答としてはもらえないいんですが、両行

ともに、応じても融資は少額です。必要額には遠く及ばないと思われます」

「渋いんですね」

山下の説明に、白川は短く答えた。山下は山下なりに調べ、ヨシダという会社についての良からぬ噂を目にした。今でこそ食品の世界で実業を行っているが、かつては吉田興業の名で金融業を営んでいた……しかしその記述はインターネットの掲示板に一行あるだけで、単なる誹謗中傷の類かもわからない。ただ、提携・出資先としては気になる。

「であれば、無理に借りなくてもいいでしょう。どうしても必要になったら、神戸の御影を売却すればいい。小田原工場のリースバック※8というのもいいんじゃないですかね。自前主義にこだわらなくてもいい時代ですから。極端な話、ドレッシングを仕入れて売ってもいいんです」

山下も山沢も言葉が出なかった。

「極端な話――ですよ。あ、この際お客様センターを、自前でなく外出しにすることも考えましょうか」

重苦しい沈黙が場に流れる。山下がそれを破る。

「……もう一点」

※8　リースバック（leaseback）とは事業用資産を売却し、それをそのまま使用しながら買い主に使用料を支払う方式。

「なんですか」

「会計士の上山先生に株価のご意見をいただいたのですが――」

「で、なんと？」

「いま提示されている株価は、理論的には説明が難しいと。つまり、高過ぎるのではないかとおっしゃっていました」

「それはまた面倒なことをおっしゃる。視点が違うわけですからね。事業の将来価値をどう見るかということですから、『経営判断だ』と申し上げてください」

「それはお伝えしましたが、なかなかご納得いただけませんでした」

「まあ、それは今後の展開を考えれば問題ないでしょう。『経営判断』ということで、ご理解をいただきましょう」

再び沈黙。

「物事にはタイミングというのがあります。このディール※9は進めます。大株主の大山家も問題ありません。私が全面的に委任されていますからね。なんとしても進めます。よろしいですね」

「――はっ」

山下は、まったく納得していない。しかしここまで言い切られては、ほかにどうすることもできなかった。

池田は、毎日のように事業開発部でブレーンストーミングを重ねていた。一つ一つのアイディアが、「新時代のフリージア」というキーワードがあると、面白いように結びつき、組み合わせによって新しい価値が生まれる。今はまだ「言いっぱなし」でいい。羅列したものの中から、企画の形ができていくだろう。絶対に自分たちのフリージアを作ってやるという小林の気迫に、池田は圧倒されそうだった。

夕方、久しぶりに近藤が現れた。姿を見たのも「仮免許」をもらった時以来だ。今回も装備を解いて顔を見せた。いつになく真剣な表情だ。さっとノートを取り出し、いつもより力を込めて差し出した。

「ありがとうございます」

池田はページを開いた。

池田君

全貌がつかめた。いよいよ始まりだ。覚悟はいいか？　世の中が一変するぞ。

※9　ディール（deal）とは、（物を）取引すること。売買。取引。「外交的な―を行う」「―のスピードが上がる」

そこから先もずっとゴツゴツとしたコンさんの字がびっしり並んでいる。それは長い長い伝達事項だった——。

30

一カ月後、臨時取締役会が招集された。議案は、「ヨシダ株式会社の第三者割当増資引き受けの件」と「吉田克彦を取締役にする件」「株主総会招集の件」の三件。吉田関連の両議案を二週間後に開催する臨時株主総会での議案にするというものである。

白川は高揚していた。鏡を見て、自分がどんな表情をしているか確かめた。しばらく時間をかけて、表情を消した。

いよいよ始まるんだな——ぐっと腹に力を込めてから社長室を出た。

議長である白川が議事の進行を始めた。

「それでは、ただいまから臨時取締役会を開きます。本日の出席取締役は、橘取締役が業務都合のため、やむを得ず欠席、他は全員出席。監査役は三名全員が出席されています。よって、本日の取締役会は成立です。

本日の議案は、まず——」

すると、ここで突然、常務の三浦が発言を求めた。いささか声のトーンがうわずっている。

「えー、白川社長の代表取締役および社長職の解職を提案します。動議です」

「なんだって？」すっとんきょうな声で白川が叫んだ。

しかし、監査役の武田が追うようにキッパリと言う。

「社長、この動議であれば議長交代です。法的に。定められている代行順位からいって、三浦常務が議長になります――」

間髪を入れず、三浦は議長となって発言する。

「本動議に賛成の取締役は？」

すると、製造部長の若杉、山下そして社外取締役の河村の三人が「賛成」と次々に発言した。

同時に、議長役の三浦も「私も賛成です」と。

「バカな！」白川は、立ち上がって叫ぶ。

「賛成が四名。本日の出席取締役六名の内、過半数の賛成ということで……」と、三浦が宣言を始めたところで、山沢が発言した。

「あの――私も賛成です！」

「なんだと？　山沢！　お前、どういうつもりだ？」

「はい、動議に賛成です。フリージアのために賛成します」

議場に「えっ」という衝撃が走った。

「六名の内、五名が賛成ですので、本議案は成立しました。本日付で、白川社長の代表取締役および社長職を解職します。取締役会として決しました」

白川は、唖然として立ったままである。

この時、顧問弁護士の高井が部屋に入ってきた。総務部長の下田が、タイミングを見計らって招き入れたのだ。

三浦が「どうぞ。先生」と、発言を促した。「なんなんだ、この茶番劇は！　こんなもの無効だ！　株主の、株主が――」

取り乱しながら抗議する白川を無視するように、高井弁護士が、きっぱりと告げた。

「白川さん。奥様である白川美恵様への守操義務違反のため、離婚調停に入ることの申し入れが、白川美恵様と大山嘉子様からありました。また、社業における不法行為について、必要があれば告発する用意があります。企画担当の三浦常務から申し入れを受けております。なお、フリージアの顧問弁護士として、本日の動議の議決は過半数以上が賛成ということで、有効である旨の見解を申し添えます」

三浦は、これを受けて白川に対し「白川取締役は、無任所で非常勤となります。社長室は即刻退去。私物等は後日渡します」と冷たく命じた。

しかし、それでも白川は机をドンドンと叩き半狂乱。出ていく様子は全くない。

バン！

突然、会議室の反対側のドアが開いた。全員の視線が集まる。背中に逆光を受けて、ゴロゴロと音を立てながら、ゴミ回収カートを押す清掃員が現れた。

「ちょっと、まだ掃除の時間じゃないですよ！」と三浦の大声が響く。怪訝な表情で視線をかわす出席者の前で、清掃員は手際よく帽子、メガネ、マスクを脱ぎ捨て、両手両足をぱっと広げ、ニッコリ笑った。

「あっ、近藤さん！」「コンさん⁉」

白川は、それを見ると、近藤に向かって両手を上げてヨロヨロと近づいて行った。

「あんたか？　こんな茶番劇をやらせたのは、年寄りだって許さんぞ……」

目に狂気の色を浮かべながら、よろよろと近藤につかみかかろうとする白川。しかし、近藤は古武術の師範のように、さっと弧を描いてその突進を避けた。目標物を失った白川の両手は空をつかみ、バランスを崩して頭から倒れかける――近藤はさっとカートのハンドルをさばき、向きを変えると、白川は頭からゴミ回収のバケットにハマった。近藤ははみ出した足がバタバタ動くカートを押して、ドアへと向かう。その背中に三浦が声をかけた。

「ご苦労様です！」

31

池田君

全貌がつかめた。いよいよ始まりだ。覚悟はいいか？　世の中が一変するぞ。

まず、経緯を書いておく。ヨシダの社長である吉田克彦と白川が接触しているのは、かなり早い段階でつかめていた。一般的な調査機関で調べたら、それだけで、いわゆる反社会的勢力とそう遠くなく繋がっていることがわかった。知っていると思うが、今時、そんなところとまともにつきあっていたら、あっという間に信用を落とす。今回、第三者割当増資に応じたり、吉田を取締役に任用したりして、吉田の実態が明るみに出れば、フリージアは非常にまずい状況になるところだった。もうハッキリ言って、こんな話に飛びつく時点で白川はアウトなので、あとは「退場の段取り」をどうするかだけの話だった。

むしろなんで銀行出身のお堅い白川が、吉田のような手合いと繋がるのかが不思議だったんだ。大山嘉子さんから手紙をもらったのは、そんな時だった。娘（白川美恵さん）の様子がおかしかったので、なだめて話を聞いてみると、夫が浮気をしているようだと言う。取り乱しながら、結婚したことも、フリージアの社長にしてもらったことも、激しく後悔しているのだとか。僕も美恵さんと同じように、白川を社長にしたことを心から後悔していたので、もし美恵さんさえよければ、僕が問題解決役になりたいと言ったんだ。

美恵さんは僕への一任を了承してくれて、嘉子さん立ち会いのもと僕は話を聞いた。社長になってから、女の気配を感じるようになった。証拠はないが「カン」だという。もし浮気をしているのが事実なら、離婚して、フリージアからも離れさせたいという。どうやら今までのことを考えると、結婚そのものにまで疑念を抱くようになったと。美恵さんは、白川がフリージアの社長になるために利用されたのではないかと感じるようになり、両親に申し訳ないと考えている——とね。

美恵さんが制裁をご希望ということであれば、こちらもやりやすい。合法的なやり方で証拠を押さえにかかった。浮気調査の探偵を頼んだんだ。あっさりと銀座のクラブ遊びと、そこの奈々という女との関係をつきとめた。これまた簡単にホテルへの出入りの写真が撮れた。さらには奈々というホステスと吉田が会っている現場も押さえた。奈々と吉田の関係までは調べなかったが、繋がっただけで十分だ。

事実関係としては、白川は銀座のホステス奈々と不貞行為に及び、その奈々の知人で、反社会的勢力と関係のある吉田と法律行為を行おうとしていたということ。

ついては手続きを経て、代表取締役社長を解職し、美恵さんとは離婚という解決策をとることで決定したのだ。白川の知らないうちにね。

さてここからは、池田君の出番だ。取締役会を開いて、白川を解職しなきゃいけないのだが、放っておいてもヨシダへの出資の件で取締役会が開かれる。まず、三浦君にこの事件の全貌を説明しておいてくれ。その上で、取締役会での議事の進め方(たぶん「動議」という形になるのだと思うが)を、三浦君と弁護士の高井先生でよく打ち合わせしておくように、そこまで取り仕切っておいてくれ。

首尾良く進むか心配なところもあるので、当日は僕も見に行こうと思ってるよ。君も都合が合えば。白川が暴れるといけないから、事情を明かせる人とともに詰めておいてもらった方がいいかもしれないな。

それで、いよいよその日のうちに橘新体制が発足することになるぞ。君は、当面の間、役職や立場にかかわらず、橘君を助け、支えてやってくれ。

君たちの時代の始まりだ。

コンさん

32

バタバタする足が生えたゴミ回収カートが退出した会議室では、ポカーンとした一同に三浦常務が声をかけ、ようやく臨時取締役会の続きに戻ろうとしていた。

三浦は、代表取締役および社長の選定を行うことを提案した。最終的には、橘でまとめることを決めている三浦だったが、あえて山沢に意見を求めた。つい先ほどまで、ナンバー2と目されていた人物。意外なほどあっさりと「主君」を見限った男、橘を「島流し」にした張本人がどう振る舞うのか、単純に興味があった。

「橘さんが適任ではないでしょうか」

百年前からそう思っていたとでも言いそうなほど、当たり前のように言ったことに、一同驚きを隠せなかったが、本人はまったく動じる気配もない。山沢の〝合理的〟な行動規範の中では、なんの不思議もないことだった。最善の判断は、その時々で変わるのだ。時には一瞬にして変わることだってある。

そして意外なことに、この発言は影響力を持った。橘は「いずれは社を背負う男」と、誰もが思っていた。それが今なのかどうかだけだ。「昨日の政敵」ですら今だという。また他に明日のフリージアを背負うに足る人材は思い当たらない。話し合いは、すんなりと収斂した。

三浦は、陪席を頼んだ高井弁護士に「大山夫人に今すぐに連絡を取り、賛意を確認していただけますか?」と、かねて打ち合わせた通りに依頼した。

「はい。早速」

その場で、高井は携帯電話で連絡を入れる。その先にいる嘉子にもかねて打ち合わせは済んでいる。娘の美恵にとっては、辛く苦しい選択だったかもしれないが、逆に美恵の人生はまだまだこれからだ。多くの人の応援を得て、やり直せばいい。

こうして、橘の代表取締役社長就任が議決された。三浦は、この臨時取締役会においては、他の用意していた議案を否決することも忘れずに行なった。また、橘が欠席していたということもあるので、同日の午後、欠席だった橘を出席させ、取締役会を再び開催することとし、一旦散会を宣言した。


エレベーター前でカートから降ろされた白川は、下田総務部長に付き添われて、秘書室に戻ってきた。下田は、三浦からこの日の流れを聞いてはいた。白川が暴れた時は、池田とともに「連行係」になるという想定だった。そうならなくてホッとした。大人しくなった白川をいったん自室まで送った。

「何が起こったんですか?」第一秘書の山口が社長の異常に驚いて声を荒げた。

下田は、秘書室メンバーを集め、事情を説明した。あまりの急展開に誰もが驚きの表情を浮かべ、声を漏らした。朋美もその反応を示した一人だったが、それは周囲の反応を見ながら合わせただけ。自分だけが知っていたと、知られたくなかったからだ。

一時間ほど経っただろうか。突然、部屋から出てきた白川は、大きな溜息をついてから山口に言った。

「オレは辞めることになった。今日限りだ。後は頼む。車っ」

午後三時半、取締役の面々が再度集合した。今度は、橘も含め全員がそろった。三浦の紹介の後、橘が手短に社長就任のあいさつをすると、取締役、監査役、事務局の下田、そして陪席を許された池田から大きな拍手が贈られた。

続いて、全社員に緊急招集がかかった。神宮前の本社以外の拠点とは、TV回線で繋がれる。大きな出来事があったことは既に社内に伝わっており、緊張が走る。

「それでは、皆さんお疲れ様です。本日取締役会で社長の交代が決まりました。ついては、橘勇一郎新社長からお話があります」

下田の声で、マイクを持つ橘に皆の注目が集まる。

「皆さん、お疲れ様です。橘です。お話がありましたように、本日の取締役会で、白川社長が一身上のご都合で退任されました。その後任として私が就任した次第です。本当に急なことで皆さんと同じように、私も驚いております。ですから、今日のところは、私の率直な気持ちだけ、聞いていただけたらと思います。

私は、大山一郎初代社長――おやっさんと呼ばせてもらいましょうか、おやっさんと浅からぬ縁があり、フリージアで働くようになりました。そしていつも『美味しさでもっと幸せを』という目的を忘れずに、心を合わせて働くことの楽しさを教えていただきました。

本当は、おやっさんが元気なうちに、『おやっさん、もう私たちの時代ですから、任せてください。安心して見ていてください』と言えれば良かった。つい、おやっさんやコンさん、近藤前副社長です、に甘えてしまった。それが悔やまれます。

でも、回り道はしましたが、何一つムダなことはなかったと思っています。

門出のあいさつの結びに、皆さんにお願いしたい四文字の言葉をお伝えします。

それは、『全員参加』です。必ず、全員で、全力で、このフリージアに参加してください。これからは、全員で企画し、全員で製造し、全員で販売しましょう。そういう気持ちで『いい仕事』をしましょう。だって、そっちの方が面白いじゃないですか！

これからは、私が先頭を行きます。どうか皆さん、後ろから強い力で押してください。よろしくお願いします」

橋の挨拶が終わると、割れんばかりの拍手が沸き起こった。所信表明としては極めて短いスピーチだったが、全社員の心を打つのに十分だった。大山と近藤を知る者は、彼らへの思いに共鳴し、橋の経歴や人間性を知る者は、その言葉一つ一つが、橋の生き方を表している、橋ならではの言葉であることを知っていた。そうでない者にも、その言葉が、橋という人間の魂から発せられた言葉であることはしっかり伝わってきた。

池田もまた激しく感情を揺さぶられた一人だった。自分こそがこの優れたリーダーを一番近くで支えたい。その決意を新たにした。

第七章

池田、プロジェクトを推進する

仕事を動かすリーダーの思考と行動

33

橘が指揮を執るようになり、いくつか組織に動きがあった。まず取締役・経営企画室長の山沢が、橘に「島流し」を行ったことへの謝罪とともに、進退伺いを提出した。

「契約事項ですので、期中の取締役解任は考えていませんが、来期は取締役とはまた違う形で、ぜひ引き続きその能力を発揮して欲しいと考えています。なお先日も言いましたが、私は、自分の歩みに何一つムダなことなどないと思っているので、なにも謝罪の必要はありません。過去より、未来を見て行きましょう」

橘はそう告げた。これにより山沢は、今期中は取締役のまま、山下経理部長付で、経営実態や予算・決算関係のブレーンとして働くことが決まった。


もう一人、橘に自らの職位について相談したのが常務の三浦だった。新時代を迎えるにあたり、自分がナンバー2であるのは組織にとって良くないと申し出たのだ。

「では来期は役職の見直しをさせていただくことにしましょう。ただ引き続き『おやっさんの魂を継承する者』として、後進を見守ってください。実は、三浦さんをリーダーに進めたい案件が具体的に一つあるんですよ」

橘が言った。今はまだ極秘であるその案件について、小声で説明した。

「社長、それぜひ私にやらせてください。ぜひ、よろしくお願いします」

三浦は目を輝かせてそう言った。

橘のスピーチが全社に与えた衝撃は大きかった。特に「全員参加」とりわけ「全員企画」という言葉は、社内のブームになった。その機運を掴んだ総務部長の下田は、社内にアイディアボックスという名の応募箱を作り、ちょっとした思いつきを集めてはどうかと橘に提案した。

現時点でアイディアボックスで受け付けたアイディアで採用になった代表例は、「美味しさでもっと幸せを」のスローガン見直しだった。

提案したのは小田原工場で働く、パートの女性坂本だった。従業員の間でも「美味しさで、もっと幸せに」など、「、」や「てにをは」の間違いが多い。パートの坂本は、「大山さんの言ったまま、ずっと守り続けるだけでは進歩がありません。『もっと』良いものにした方がいいと思います」という投稿をした。伝え聞いた橘は、この姿勢は素晴らしいと、全社的に紹介し、さっそく新スローガンをアイディアボックスで募集した。

池田は、新スローガンを導入するのなら、一八年ぶりにＣＩをやろうと提案した。ロゴマークとイメージカラーの見直しだ。あらかたのスケジュールと予算については、すでに総務・益子と経理・森脇が中心になって、『CI実施計画の叩き台』を作っていた。第一案とはいえ、ムダを省くことに関しては相当踏み込んだ内容のものだった。

アイディアボックスに寄せられる「思いつきの数々」も含め、社内からどんどん飛び出す企画ラッシュのうち、部署単体で済まないものについては、事業開発部で検討された。検討のしかたは、採用か不採用かだけでなく、「新製品」「システム提案」「新事業」などといくつかのカテゴリーに分類したり、「高齢者向け」「和の魅力」「未来の食事」など思いつくキーワードを貼り付けた上でデータベース化する試みがとられた。これにより、何か目的を持った企画会議を行う時に、過去に寄せられたアイディアの組み合わせが可能になると考えたからだ。

「全員企画」ブームは、組織の変更にも繋がった。同じ企画部門で同フロアーで分割していた、事業開発部と経営企画室を合併、「企画本部」とした。本部長に三浦常務、本部長代理を佐伯が務めた。また本部内には経営企画室を置き、経営企画室長（課長待遇）に池田が着任した。誰もが納得の人事で、とやかく言うものは一人もいなかった。なお社内報の発刊と、社史編纂は総務部に引き継がれた。

これまで水面下で進められた極秘プロジェクトは、堂々と表に浮上した。ブレーンストーミングを重ね、少しずつ形が明らかになってきた。このようなものだ。

◉プロジェクト名：（仮）新世代Ｐ（プロジェクト）

①ヴィータ・フェリーチェ（ＶＦ）麻布との提携
　橘社長の古巣、老舗イタリアンレストランＶＦ麻布と提携し、ＶＦブランドのオリジナル製品の製造、新製品の監修。総菜などを扱うＶＦショップの共同経営と人員供出。後述、総菜レシピウェブサイト「ハッピー・クッキング」の監修。ちなみにＶＦはイタリア語で「幸福な人生」の意。

②マミンとの提携
　以前の企画、日本進出の支援はボツ。当社製品の輸出という逆路線で提携が復活した。ハワイおよびシンガポールでのフリージア製品の販売を委託、フリージアブランドの展開を承認する。

③総菜レシピウェブサイト「ハッピー・クッキング」のスタート

一度はお蔵入りになった「ハッピー・クッキング」を、好調だったネット直販事業の情報拡充という位置づけで復活。収益事業との相乗効果を期待する。各ジャンルの注目料理研究家とタイアップ。イタリアンはＶＦ麻布の古川シェフを起用。

④究極のドレッシング開発
研究段階。ＬＬドレッシングの逆転の発想で、テーマは「生鮮食品の美味しさ」。

⑤関西風ラインナップの開発
新商品を開発し、関西地域限定でモニター調査。全国に拡大を目指す。

付随した細かい企画も無数にあるが、以上の五本を柱として、約二年をかけて断続的に商品、サービスをリリースしていく。合わせてロゴマーク変更の実施だ。まるで盆と正月とハロウィンとクリスマスが一緒に来たような大騒ぎになり、まさに全員参加の活気が生まれたのだった。

当然、通常のソースとドレッシングを売っているだけの年とはまったく違う予算となったが、山下・森脇の師弟ラインが取引銀行を攻め、非常に有利な融資を引き出した。選に漏れた銀行の担当が、見たこともないような利率を提示し、――このままだと銀行の本部に顔が立たないので、この条件でかまわないからどうしても借りて欲しいと泣きつかれ、おつきあいすることにしたほどだった。

34

祭りのような毎日の中、池田は三浦と二人で関西出張に出た。西日本支店の石尾支店長は、新設された「拡大販売会議」のために、ちょくちょく東京に出張に来ていたが、東京の者が大阪へはなかなか行けていない。「政変」以来、役員の大阪行きは初めてのことだった。

「石尾君、社長でなくて申し訳ないな」

「何をおっしゃいます、常務。遠いところありがとうございます。池田君もご苦労様。編集長から室長に出世したって？　あ、池田さんて呼ばなあかんのやったっけ？」

「やめてくださいよ、石尾さん」

本心を言えば、石尾はもちろん社長に来て欲しい。しかし今これだけの新企画プロジェクトが進んでいることを考えれば、新社長がなかなか離れられないのはしかたない。そんな中でナンバー２の常務が来てくれたのはありがたかった。この時とばかり、関西の大得意客との接待をセッティングした。

石尾こそが近藤の愛弟子かもしれない。なかなかコミュニケーションがとれないからと言って、近藤は手取り足取り、営業で大事なことを石尾に伝えていたからだ。

曰く、接待の場は特別だけれど、いつもどんな気持ちでおつきあいしているかの発表会だと。ふだんから顔を見せて、こちらが売りたいもの、相手が買いたいものを知る。それを愚直に行う。それを続けていれば、相手のために役立ちたいと思い、相手のことが知りたくなる。相手も自分に興味を持ってくれているとわかれば、少しずつ話してくれるようになる。個人情報は隠さなければいけないという時代だが、信頼する人、好きな人には自ら進んで話すものだ。

大阪での石尾の接待は見事の一言に尽きた。相手は大口顧客だというのに、あえて気取らない庶民的な感じさえする店を選ぶ。とはいえ接待に使えるだけの上品さは十分にある。このバランスがなかなかウケた。料理も酒もバッチリの選択だったと見え、しきりとなぜ好物ばかり出るのかと不思議がっている。

石尾は三浦にお客様との関係をわかりやすく伝えた。いつもどれほどお世話になっているかを知り、三浦は心から感謝の気持ちを述べた。そして三浦は気取ることなく、創業直後に神戸で下働きをしていたことなどを語った。

帰りに手渡したおみやげの中身を聞いて、また首をかしげて驚いている。家族構成やその好みが反映されているからだ。「言いましたかなあ?」と笑顔だ。接待は大成功だった。

翌日、池田は石尾と同行し、関西限定商品のヒントになるような情報を求めた。池田が手帳に大きな字で書き込んだのは、『淡路島のタマネギ』だった。すり下ろした直後のタマネギの風味が使えたら――ほかにも面白い話はたくさんあったが、この『淡路島のタマネギ』というイメージに、ヒット企画の予感がした。

三浦は御影を訪ねていた。大山食味研究所として開業した、創業の地だ。手狭になり、本社機能を三宮に移転した後も、大山がいつでも調理実習できるようにと残されていた場所だった。石尾からカギを預かり、建物内に入った。

大山が研究をしていた部屋に入った。道具一式が整理されて置かれている。目を閉じれば、その椅子に大山が座っている姿をありありと思い出せる。

三浦が働いていた裏の倉庫に足を踏み入れる。三浦が担ぎ上げていたような商品や道具の類は何もない。ただ古い伝票や帳簿などが捨てられることなくそのまま積まれ、ほこりが積もっていた。誰からも忘れ去られた空間が、時を止めていた。

大山亡き後、ここに用事がある者はいない。今回の三浦も、絶対に必要な用事があったというわけではない。なんにせよ、この土地・建物をこのままにはしておけない。活用しなくてはならない。――その事実を自分の目で見て納得するために、三浦はここに来たのだった。

建物を取り壊す前に、もう一度だけ訪ねておきたかった、ただそれだけだ。あちこちの角度から写真を撮り、再びカギをかけて、支店に戻った。


帰りの新幹線の中で、三浦が遠い目をしながら池田に言った。

「橘社長から、御影改築計画のプロジェクト・リーダーを仰せつかったんだよ」

「そうだったんですか。どんな計画ですか」

池田は、窓側に座る三浦の方を向いて訪ねた。

「いくつか候補があるが、もっとも有力なのは、賃貸マンションだと思う。用途の関係で四階建てまでしか建てられないが、敷地面積は十分あるからね」

「分譲ではなく、賃貸なのはどうしてですか？」

「土地を手放す必要性はないし、一階部分を飲食店にする計画なんだ。『ヴィータ・フェリーチェ麻布』に貸す。そのレストランの内装は、フリージアの創業の地であることをアピールするものにしたら――というのが社長の提案だった」

「おお、そうなんですか」

「おやっさんがいつでも研究しに来られるような、そんな雰囲気の店にしようと思ってるんだ」

35

新体制スタート後、社内の雰囲気はガラッと変わった。たとえば、社内のあちこちにあるテーブルだ。おやっさんとコンさんのアイディアで、ちょっとしたミーティングができるようにと、小さなテーブルを配置していたが、白川体制の頃は使われることが減っていた。今は各部署とも、活発に使われている。もっとも使っているのが橘だろう。

橘新社長は、経営状況の監視については、山下と山沢の経理チームに任せた。自身は「新世代Ｐ」を速やかに進めることに全力を注いだ。特に人員の配置と社外への業務委託状況については、必ず自分の目と耳で確認した。逆に、それ以外の雑多な管理は、全体を統括する池田と、各部門長に指揮させた。そのやり方は、実務リーダーを中堅・若手から選出し、権限を与えることを徹底させるものだった。

橘は、その実務リーダーとの短い打ち合わせを頻繁に行ったのだ。そのやり方はほぼ決まっていて、必ず目的→目標→手段の順で確認していった。

「オーケー。そこまで考えていれば大丈夫。やり方は君に任せるので、みんなと話し合いながら進めてくれ。そっちの方が面白いだろ？　ただ、何かあれば必ず上に報告を頼むよ」

そして橘が去ったテーブルでは、すぐにスタッフミーティングが開始されるのだった。

池田は「究極のドレッシング」の開発担当である笹木とミニミーティングをしていた。

「賞味期限と値段の制約がないと、自由すぎて逆に案がまとまらなくて困っちゃいますよ」

笑いながら笹木が言う。前に会った時とは別人のような表情に、仕事の充実ぶりがうかがえる。

「大阪で限定商品の打ち合わせをしている時に、向こうの人から材料にこだわるならタマネギは絶対に淡路島産に限るって強く言われたんだ。『究極』の方でどうかと思って」

「ドレッシングにタマネギですか？――ああ、『すりおろし』か。試してみたら面白いかもしれませんね。正直なところ、『究極』の厳選素材は、ベースになる酢、油、塩、こしょう、醤油、柑橘系なんかの方に力が向いていて、『ドレッシングのあり方そのもの』は議論していませんでした。『野菜にかけるソース』というレベルまで自由になっていいんですもんね。すりおろしの野菜や果物、ヨーグルト、チーズやバター……なんか余計まとまらなくなりましたよ！」

「――す、すまない」

「いやいや、いいんです。それがうれしいんです。でも時間の制限もあるんで、研究グループに企画案まとめてぶつけてみます。なんとなく、今言った『ドレッシングの域』にないものから、面白いの出そうな予感がありますね」

「笹木もそう思う？　実はオレもそう直感したんだ」

「原材料の確保とか、製造・流通という賞味期限、値段が常識外なので、どうやってビジネスにするかは度外視して、引き続きやってみますね」

「了解。動きあったら、すぐに教えて」

活性化されたフリージアとは逆に、前社長・白川雅人の生活からは活気というものが失われた。社長解任の日、妻の美恵に連絡し、生活に必要なものだけ取りに行くと言うと、当面、形が決まるまで、そのまま住めばいい——淡々と言った。許すという意図はまったくなく、最後の温情に感じた。白川も自分の責任であることはわかっているので、生活拠点を早く決めるとだけ言い、一時的な家庭内別居となった。先行き不安な身となったので、安い部屋を契約し、最低限の生活用具を持って引っ越した。

吉田にはすぐに連絡を取り、会った。思いがけない事態となり、破談になったことを詫びた。吉田はただひたすら黙って聞いている。白川は、説明の最後にもう一度頭を下げ、許しを請うた。吉田は、それでも黙って考えていた。白川が沈黙に耐えられず、頭を上げると、ようやく吉田が口を開いた。

「白川さん、状況はわかりました。あなたとはともに『夢』を実現するパートナーになれると、期待していたのですが、残念でした。ただあなたの立場からすれば、しかたないことかもしれません。――しかし、しかたないですまないのがビジネスなんですよ。わかりますよね。今回のところは一つお貸ししておきます。けっこう大きな貸しであることはおわかりですよね？」

「もちろんです。本当に申し訳ありませんでした」

白川は頭をこすりつけるようにして謝った。


義兄という身内ではあっても、吉田を紹介してくれた奈々の顔もつぶしてしまった。その後、連絡をとると、何か白川が違和感を感じるような応対だった。

「――あら、ああ、そうなんですか。それは大変だったんですね。商談はうまくいかないこともありますから気になさらないでください……」

ビジネス界での人づきあいについてはプロ中のプロである銀座の女だから、言うべき言葉一つ一つは適合している。でも白川との関係性に変化があったのだと伝えるような雰囲気があった。おそらく吉田が、今回の経緯をこと細かに調べて、それを奈々に知らせたのだろう。

「また今度、いろいろ話を聞いてもらえるか？」

「……ええ、どうぞ、お店の方にお越しください。請求書はできないので、現金になってしまいますが……」

白川はようやく気づいた。銀座の女にとって、今の自分はリスクだらけ、整理ポストのジャンク銘柄でしかないということを。

36

橘の社長就任から、まもなく半年になろうとしている。大型プロジェクト「新世代P」として、新サービスや新商品がちらほらと世に出始めた頃、池田は橘とともに大山嘉子の家を訪ねた。

「あら、池田さんお久しぶりね。今日はかわいい彼女じゃなくて、若社長さんと一緒なのね」

「いやいや、まあまあその話は……」

「なあに内緒なの？　うまくいってるんでしょう？　絶対うまくいくわよ、あの方なら。まだご結婚なさらないの？」

たじたじになりながら、またダイニングテーブルに通された。

「リビングより、こっちの方が落ち着くでしょう？　私はこっちの方が好きなのよ」

嘉子は来客を心から喜んでいるようだった。橘もにこやかにあいさつをした。嘉子とは就任直後に来て以来、二度目の対面だった。今日は、代表取締役として、一連の社内の改革やプロジェクトを説明するだけでなく、大切な相談をしに来たのだった。

「おかげさまで、フリージアは次の世代に希望を繋げるプロジェクトを進めつつあります。でもここにいたるには、少々危なっかしい場面があったことも事実です」

「本当にそうだったわね。娘婿だった雅人さんが迷惑をかけてしまって……」

「いいえ。その件とも関係するのですが、今は私がリーダーとして、池田君を右腕と頼りながら、フリージアを引っ張っています。でも、私、あるいは私以後のリーダーたちが、いつ、どんな誘惑に負けて、誤った判断をするかわかりません」

「あなたたちなら大丈夫よ」

「いいえ。ふだんは冷静でも、怒りとか、憎しみとか、悲しみとか、感情を揺さぶられたら、人間は急に変わるかもしれません」

「――確かにそうね」

「ですから、個人や小さな集団の考えだけで、組織全体を暴走させない仕組みが大切になると思うのです」

「よくわかります。――株式の上場をお考えなのね？」

「えっ？　はい、そうなんです」

「大山も同じことを言っておりましたから。一度挑戦したこともありましたよね」

「はい、そうでした。徹底的に情報を公開し、社会にとっての価値を問い続けることで、本当の意味で公器になれると」

「まったく同じことを言っていたわよ。世襲はさせないと言っていたのも、それが理由でしたからね。ついつい娘の頼みにほだされて、私が大山の考えに反する判断をしてしまったのね。あらやっぱり人間、一人や何人かだけで決めてしまうと、間違ったことをしてしまうものね。もし株式上場のチャンスがあるのなら、ぜひチャレンジしてください。私はあなたたちを『応援する株主』よ」

「結果的に大山家の持ち株比率が激しく低下することになってしまうのですが」

「そんなのまったくかまわないわよ。家業じゃないんですからね。もっともっと皆さんが力を発揮して、たくさん配当をつけられるようにがんばってちょうだい」

「はい、かしこまりました」

「あ、一つだけ条件があるわ。これだけは守ってもらいたいの」

「――なんでしょうか」

「今日はもう会社に戻らないで、みんなでお食事しましょう、それが条件。いいわよね？　池田さんは、朋美さんも呼んでちょうだいね。せっかくですから。あの……美恵にも声をかけていいかしら――」

　それからしばらくして、かつて池田がデスクをかまえていた上場準備室の小部屋に、白川雅人の姿があった。嘉子から上場チャレンジの許しを得た直後、橘は白川の現状を尋ねた。すでに離婚は成立していた。

「もしご本人に意思と意欲があるのなら、フリージアでその知識を生かしてもらいたいと思っているのですが」

　橘の申し出に対し、嘉子も美恵も、本人さえ良ければかまわないという回答だった。

　橘は都内のホテルで白川と待ち合わせし、喫茶ルームで話をした。橘から誘われた時、白川は涙を流した。とんでもない心を起こしてしまった自分をゆるしてくれたこと、しかも自分の力を望んでくれたことがうれしかったのだという。しかし申し出に対しては、固辞の姿勢を頑として崩さない。条件面や、プライド、橘への反発などが理由なのかと問うと、決してそうではないという。ついに明かした固辞の理由はこうだった。

「そんなことでは、社員のみなさんに示しがつかないではないですか。経営トップとして、皆さんを不幸にしてしまうところだったのですから。せっかく橘社長のもと素晴らしいフリージアが生まれたのですから、私がいたらマイナスになってしまいます」

　橘はそれを聞くと静かに言った。

「白川さん、それは違います。人間はみんな失敗をします。失敗をしても他人のせいにして反省しないような人ならおっしゃるとおりですが、白川さんはそうではない。それはみんなにもすぐにわかるでしょう。そうだとするならば、『一度失敗した人にもチャンスが与えられる』のを社員に見せるのはいいことなんです。経営者にとっても、社員にとっても」

白川はそれを聞きながら、肩を震わせながら頭を下げていた。

嘱託契約という形をあえて自ら望み、山下と山沢の管轄下で白川は黙々と仕事をした。証券会社や監査法人などとの折衝、諸規定類の整備、プライバシーマークの取得……その他、難しい障壁を次々にクリアしていった。もっともこれらの仕事は銀行時代にずっと携わってきたことであり、白川にとっては「おやすいご用」でしかなかった。

コンさん

最近、真の強いリーダー、勝てるリーダーについて考えます。結果を出せるリーダーに必要な要素は何なのかと。その答えをこれから探し出さなくてはいけません。でも橘さんの行動を見ていると、この人がその答えなのではないかと思わされます。

◉強いリーダーの行動パターン

・順調ではない人を探し、その理由を調べ、活かす方法を考える

・事前の準備（情報収集やその分析）をできる限り徹底して行い、目的と目標に照らす

・決断にあたっては、あらかじめ「止め時（撤退基準）」を定めておく

・決断したら、失敗を恐れることなく、積極的に攻撃的に全力を注ぎ込む

・どこかのタイミングで必ず前線に出て、陣頭で指揮を執る

・撤退すること、失敗を受け入れることに躊躇しない

・たとえ失敗してもその中から成功へのカギを見つけ出す。決して後悔しない

池田

第八章

池田、リーダーになる

予測していなかった危機的状況ですべきこと

37

総務部の益子が中心になって進めてきた新ロゴマークのデザインがお披露目となった。デザイナーは十八年前と同じ人物だった。自分のデザインした企業が、どう成長しているかを見つめてきた人だ。前のデザインをガラッと変えるのではなく、基本的なイメージをどこかに残しながら、現代風のテイストを取り入れた。色の調子は、それまでの穏やかな中間色から、ややハッキリしたものに変わった。
そしてロゴマークの下には新スローガンが配置された。

フリージア
　美味しさは幸せ

以前の「美味しさでもっと幸せを」を短くし、「もっと」がなくなった。結局それだけのことだ。でも創業者・大山一郎の言葉を、もっとわかりやすく、これからの感覚にも耐えられるようにしようと言い出す人がいて、それに賛同する人がいて、みんなで意見を出し、投票し、結果を踏まえて取締役会で決したのだ。だからほんの少しの違いでも、昔からあるものとはまったく違う意味がある。

社員が集まる前で、ロゴマークが除幕された瞬間、益子は感極まってうつむいた。

「よくやりとげたね」

隣の下田部長が肩をぽんぽんと叩いた。


その日、池田は、企画本部で書類のチェックをしていた。池田が橘社長の懐刀であることは周知の事実だ。「経営企画室長」という肩書きは変わらないが、当初の「課長待遇」がすぐに「部長待遇」となり、現在は「執行役員」となった。誰もその出世を批判する者はいない。むしろ若手の中には、橘や池田にあこがれ、いずれは経営に参画したいと考える社員が増えた。そんな報告が各部門長から彼らの耳にも入る。

「おお、コンさん、お元気ですか？」

近藤はさっと右手をあげて、にっこり微笑む。もう変装の必要はなく、いつも顔を出して清掃の仕事をしている。

「もう調査は必要ないし、相談役か顧問に就任してください」

池田がそう言っても、

――健康にもいいし、みんなにより貢献できるからこの仕事がいい。

メモ用紙にペンを走らせる近藤だった。橘や池田の奮闘に口を挟むことはいっさいない。あくまでも陰ながら見守るというスタンスは崩さない。確かにこれがコンさんにとっての『定年楽園』なのかもしれない。それにしても――近藤の声がなかなか治らないのが心配な池田だった。主治医を疑うわけではないが、胃けいれんという見立ては本当に正しいのだろうか。なにか心因性だったり、咽頭の病気だったりしないのだろうか。ラクな仕事だと本人は言うが、時々立ち止まって、ふーっと息をついているのを見たことがある。やっぱり清掃の仕事もやめて、静養した方がいいのではないかと、気をもんでしまうのだ。

「ご苦労様です。コンさん、無理なさらないように」

去りゆく背中に池田が声をかけると、近藤は右手を上げて去っていった。

同じ日、池田は遅くまで会社にいた。「フリージアの頭脳」企画本部の連中は、部長の佐伯が、できるだけ早く帰れと言っても、つい時間を忘れて企画に没頭してしまう。そこへ、営業の今井部長と山元、それに西日本支店の石尾支店長が、ドヤドヤと興奮気味に入ってきた。

「池田室長、笹木君、ちょっといいですか」

珍しくマジメくさって言ったのは今井だった。緊急ミニミーティングの冒頭、今井が言った。

「例のアレ、すごいことになるかもしれない！」

それは、すりおろした淡路島タマネギを使った和風ドレッシングだった。現時点では業務用の袋入りを小ロットでテスト生産しただけだ。すぐに味が落ちるので、初めから関西限定で考えている。販路を考えた時、通常のスーパーなどより、鮮度意識の高い、『道の駅』、ＪＡ直売所、サービスエリアのイベントなどを想定してみた。今日は、東京から今井と山元もかけつけて、奈良県のある『道の駅』でテスト販売をしたのだ。その『道の駅』では、露地物野菜の直売に力を入れている。そこで試しに和風サラダのサンプル販売を仕掛けたのだ。すると淡路島タマネギのブランド力もあり、「おやつサラダ」が飛ぶように売れる。同じ並びに店をかまえるソフトクリームや揚げイモがかすむほどだった。顧客は近隣から野菜を目当てに来る人に加え、観光バスの日帰りツアーもあった。とにもかくにも用意したサラダは売れに売れた。ほぼ例外なく、「このドレッシングは売ってないのか」と聞かれた。施設の責任者が言った。

「今日は野菜の売れ方がいつもと全然違う」

サラダの野菜は、直売している野菜を使っている。それは店頭ポップで知らせている。すると、ドレッシングが美味しいという反応とともに、野菜が美味しいという反応に繋がったのだ。

今井も石尾も山元も、ドレッシング営業のベテランだ。イベントや催事の経験も豊富だ。しかしここまでの手応えは今までになかったという。

「これさあ、どうする？　どうやる？　これ。すごいのは間違いないんだけど、どうするよ」

今井は興奮というより、未知のものに触れて、まるで怖がっているようだった。

「帰りに話していたんですけど、一般向け商品にこだわらなくても、こういう事業として考えるのもアリなんじゃないかと……」

山元が少し冷静になって言った。石尾は笹木に言った。

「笹木君、あれはタマネギ以外にも何か秘密あるん？」

「そりゃもう、油も醤油もレモンも瀬戸内で調達したプレミアムものです。賞味期限は極端に言うと『一瞬』です」

「利益率はよく計算してくれよな。これ事業でやるとなるといろんな経費がかかるから。これ『ご当地』で、他の地域でも考えていけば面白いんじゃないか？」

この今井の一言に、笹木が立ち上がった。

「今井部長！　それいただきます！」

38

白川は、上場準備室で調べものをしていた。携帯がブルブルと震えた時、白川は悪寒のような嫌な感じを覚えた。

吉田克彦
画面上に、見たくない名前が表示されていた。

「白川さん、ごぶさたですね。もう忘れてしまったんですかね」

「吉田さん、ごぶさたしてしまいましてすみません」

「ええ。――お世話になった人や、迷惑をかけた人をほったらかすのは、あんまり誠意ある対応とはいえませんね」

「そう言われると返す言葉もありません。その節は本当にご迷惑をおかけしました」

「それはもう済んだことだからいいんですよ。終わってしまったことは、どうすることもできませんからね。でも、どうやら終わったわけでもなかったようですね？」

「と、おっしゃいますと？」

「いや、とぼけないでくださいよ。今あなた、どこにいるんですか？」

「…………」

「社長を解任されたのに、なんでまた会社に通っているんですか？　説明してくれませんか」

「はい、わかりました」

「では今から伺いますので、会ってください」

「会社の外でもいいですか？」

「私はどこでもかまいませんが、私は会社に入ってはいけないんですか？　私、何かフリージアさんに対して悪いことをしましたっけ？　逆じゃありませんか？」

「ええ、その通りです。それも含めて説明しますので、十四時に、以前お会いした時と同じ、渋谷のレジェンド・オークトゥリー・ホテルのロビーでお願いします」

白川は、約束通り現れた吉田を、ティールームに案内した。無沙汰を詫び、説明を始めた。

「実は数カ月前から、現在の社長に許され、フリージアの上場準備室で嘱託で仕事をしています」

「上場準備室ですか。以前もいろいろと二人で将来計画を語り合いましたよね。出資から始まり、合併、取締役、上場と。また動き始めたということですね」

「いいえ、大変申し訳ありませんが、その計画は否決され、私は今なんの権限もなく

「……」

「それはおかしいんじゃないですか？　会社の代表どうしがお互いの協力について会談をし、一方の代表が失職したために棚上げになり、今こうしてまた復職して……」

「復職ではありません。下働き、アルバイトの類だと思ってください」

「前社長がアルバイト？　そんなこと信じられるわけがない」

「いいえ、真実なんです。とにかく申し訳ないのですが、前の話は完全に終わってしまったとご理解いただきたい」

「理解いただきたいって、ずいぶんな言い方ですね、白川さん。何度も聞いてしまいますが、私が何か悪いことしましたか？」

「いいえ、何一つ——」

「そうですよね、白川さん。それであなたに一つ貸しを作った。あなたは私に対して大きな借りがある。そこまで間違いありませんよね？」

「はい、そのとおりです」

「そうですよね。何か、いちいちこうやって聞かないと、本当に私が悪者で、あなたをいじめているみたいなことになってしまいます」

「いいえ、決してそんなことはありません」

　吉田が場を完全に支配していた。

「さて、まあまったく納得できませんが、あなたはフリージアに戻ったけれど、前の話は戻らないと言う。それであなたはどうやって私に借りを返すつもりなんですか？　白川さん。私もあなたが失職している間は、そりゃ何も言いませんでしたよ。それが人情ってもんです」

「ありがとうございます」

「ありがとうじゃないんですよ、白川さん。なんであなたはいつも『してもらう』ばっかりで、自分から動こうとしないんですか？」

「はい――しかし……」

ここで吉田は黙った。いつまでも黙っている。白川がどうやって吉田に借りを返すのかを語るまでは、何も言わないつもりなのか。地獄のような沈黙だった。白川は恐怖を感じていた。借りがあるのは事実だが、いったい何をどれだけ、どうやって返せば、許されるのかがわからない――。


「何も出てきませんか」

ようやく吉田が沈黙を破った。

「はい――」

「本当にあなたはズルい人だ。自分では何もせず、他人を悪者にして……」

「いえ、そんなつもりはありません」

「あるんだよ！　何回言わせるんだ！」

小さい声だった。しかし脳の中にまで押し入ってくるような恐ろしい声だった。

また地獄の沈黙が続いた。白川はもはや自分が何も考えられなくなっていることに気づいていた。

「あなたから提案が出るのを待っていてもムリでしょうかね。じゃあ、私が独自で解決する方法をとりましょうかね」

「――どういうことでしょう」

嫌な予感は頂点に達していた。

「ある食品会社Ｆがありました。創業者Ｏが亡くなって、その創業者の娘婿Ｓが、Ｆ社の二代目社長になりました。ある日Ｓは、別の食品会社Ｙの代表者Ｙに、うまい話を持ちかけました。その話はＦ社にとってはともかく、娘婿のＳ社長個人にとって実にうまい話でした。なぜかというと、Ｆ社の株を使って、Ｓ社長個人が儲かるからでした。ところがそのカラクリが会社の連中にバレて、このうまい話は破談。Ｓ社長は責任をとらされてクビ。創業者の娘とは離婚――」

「なんの話ですか――」

「さあねえ。まあ話として面白いし、しかも事実だ。有名な企業の内部で親族が争うっていうネタは、みんなの大好物なんだよ。週刊誌だけじゃないよ、テレビのワイドショーも大好きだ。別にインターネットだっていいけど、それじゃ私には『なんの足し』にもならないから、やっぱり雑誌とテレビだな。おかげさまでオレは一財産作れるだろう。あんたが何一つ返さなくてもね」

状況は動いたが、白川にできることが増えたわけではない。吉田の言うとおり、内容は事実であり、明らかにフリージアにダメージを与えるものだ。そして確かに悪いのは誰かといえば白川であり、他に誰もいない。

「吉田さん、まず少し時間をください」

「時間なら今までもたっぷりありましたが、まあいいでしょう。またさらにたっぷりと一週間あげましょう。でもこれが最後です」

「ありがとうございます。そして借りをお返しするのは一回だけにしたい」

「もちろん私はビジネスの貸し借りの話をしているわけで、『ゆすりたかり』をしているわけじゃない。ただ、百円玉を持ってきて、これでチャラと言われても、それは一回じゃ済まない」

「いくらなら……」

「あなたが借りているのがいくらなのか、自分で考えてくださいよ。持ちかけて来たのはあなたの方なんですし、今、目安になる考え方もあげたでしょう。なんなら、あなたから返してもらわなくてもいいんだって」

「わかりました」

店を出て、白川と吉田は左右に別れた。しかし十歩も進まないうちに、白川はくるっと向きを変え、吉田の後を追い始めた。気づかれないように。さらに、その白川の後を尾行する人影がある――。

39

それは近藤だった。蛍光ランプの交換で、偶然、上場準備室を通りかかった。すると、白川が携帯で電話をしている。その雰囲気があまりにも不気味だったので、注意して聞いていると、急きょ出かけることになったらしい。そこで近藤は、これがまっとうな生き方を始めた白川を、また悪の道に引きずり込む電話だと見当をつけた。おそらく吉田だろうと。すぐに身支度を整え、仲間に外出することになったと告げて、白川を尾行したのだった。

そして今、白川が吉田に脅されているのを聞いた。吉田は、巧みに非があるのは白川の方であり、これは貸し借りの話だと丸め込んでいたが、あの出資話の破談には、フリージアにも白川個人にも法律的な責任はない。「マスコミに言うぞ」と恐怖を与えた時点で脅迫であり、事実上「金で誠意を見せろ」と迫っている時点で恐喝だ。マインドコントロールにより、白川がそれに気づけていないだけのことだ。

吉田を追っている白川は、渋谷駅から山手線新宿方面の電車に乗った。近藤も乗車すると、急いで苦手なメールを打った。

これから何が起きるのかわからないが、白川が正しい判断力を失っていることは明白だ。声をかけた方がいいのかもしれないが、声は出ないし、とりあえず尾行を続けよう──近藤はそう考えていた。

池田は営業部の今井部長とミニミーティング中だった。二人きりだと今井はいつもの今井になる。

「お前よう、ホントはお前なんて言っちゃいけないんだろうけど、お前はお前だよな」

「いいですよ。でも若手が一緒の時は、『バカお前』は遠慮してくださいね」

「バカお前、オレはそういう切り替えはちゃんとしてるんだよ」

「知ってます。ホントびっくりですよ。どうなってるんですか?」

「びっくりはこっちだよ。お前、どんな魔法を使って、こんなに急に会社を良くしたんだよ。コンさんに仕込まれたんだって？　ホントすごいよお前は。橘社長もだけど、感謝してるよ」

「今井さんから感謝とか言われると体中がムズムズするのでやめてくださいよ。いや、コンさんは、今井さんのこと、めちゃくちゃほめてましたよ。あれはすごいポイントゲッターで、得点王だって」

「ええ？　コンさんが？　オレのこと？　マジかよ！　オレ、コンさんにほめられたことなんて一回もねえぞ。いっつも『お前はホントにバカだな。でもそのバカは一生治さない方がいいぞ』って言われるんだよ」

「今井さん、それほめ言葉ですよ」

池田の携帯が近藤のメールを受信したのは、そのタイミングだった。


よしたにしらかわかきようはくされたしらかわのようすかおかしいのであとをおうたちはなにもしらせてくれ

「今井さん、ちょっと急用が入りましたので、また」

「おう、わかった。またな」

池田は、社長室へと急いだ。

「社長は？」

「離席中、社内です」

第一秘書の山口が答える。

「了解。電話してみます」

池田はその場で携帯に電話した。橘が出るや
「池田です。緊急で直接お伝えしたいことがあるのですが社長室にお戻りになれますか？」

「すぐ行く」

そのただならぬ様子を、山口と小野田は見ていた。

「どうぞ先に入ってお待ちください」

朋美が池田を案内した。


さっとドアが開き、橘が入ってきた。

「お待たせ。どうした？」

「コンさんからメールがあり、白川さんが吉田に脅迫されているのだそうです。白川さんの様子がおかしいので、コンさんは後を追っていると」

「メールはいつごろ　それか？――なんだこれ、暗号か？　十分前だな」

橋は池田の携帯をのぞき込んで言った。

「メール苦手のコンさんがメールしたってことは、よっぽど緊急なんでしょう」

「こっちで何か動けってことか」

「吉田に脅迫されるって、なんですかね？　どんな弱みを握られたのか……」

橋はうつむき、目を閉じ、黙って考えている。

「何か知られたくない秘密ですかね？」

「――あっ、そうか。一本電話する」

橋は携帯電話からある電話番号を探し出し、発信した。

「私、橋勇一郎と申します。実は昔、ヴィータ・フェリーチェ麻布というレストランに勤めていた頃――」

通話が終わると、橋は池田に向き合った。

「脅迫の中身はわからないが、コンさんがこっちに期待したのは、吉田の動きを封じ込めることだろう。やり方を一つ思いついたので電話しておいた。たぶん吉田の蛮行は止められると思う」

「あの『魔除け』ですか」

「うん。おそらく吉田は、マスコミにバラすって脅したんじゃないかな。確かに今回のことが騒ぎになれば、フリージアには大ダメージだ。悪いヤツらは考えることが違うよな」

「きったねえ野郎――」

池田は吐き捨てた。橘が身支度をしながら言う。

「さて、引き続きコンさんからの連絡を待って、うまく対処してくれ。オレはちょっと出てくる」

「まさか例のボスのところですか？」

「ああ。『電話一本で解決』という間柄でもないしな。状況をしっかり確認してくるよ。ついでに昔話もね」

「いや、行っちゃダメですよ。今の世の中、どんな事情があろうとも……」

「わかってるよ。これは二人だけの秘密だ」

40

吉田と、それを追う白川と、さらにそれを追う近藤は、新宿で中央線快速に乗り換えた。白川に何かプランがあるわけではなかった。今、自分の「失政」を乗り越え、橘社長のもと、活気に満ちているフリージアに、ダメージを与えるようなことは断じて防がなくてはいけない。どうやって金を工面するか――そう一瞬考えたが、こういう輩の良心は本当に信用できるのだろうか、はなはだ疑わしい。金を払ったところで、いつまた難癖をつけられるかわからない。

そう考えた時、こちらの情報はすべて握られているのに、吉田のことは何もわからないというのがどれほど不利なのかに気づいた。もともと清廉潔白な男でもないだろう。一度後をつけてみるのもいいかもしれない――その程度の思いつきだった。しかし吉田が御茶ノ水駅で降りた時は、あまりいい気はしなかった。この界隈には出版関連の会社が大小いくつもある。一週間待つという約束など無視して、情報を欲しがるような連中との金額交渉に入ることだってあり得る――。

白川がそんなことを考えながら後を追っている時だった。吉田が駿河台方向に歩き出したと思うと、くるっと振り返り、白川の方に向かってきた。突然のことに白川が立ちつくしていると、吉田は白川の横を通り過ぎ、後ろの男に叫んだ。

「じいさん、あんた誰だ」

白川はそこで初めて、後ろに近藤がいたことを知った。

「白川さんは、このじいさんを知ってるのか？　あんたの仲間か？　ずいぶん汚い手を使ってくれるじゃねえか。ええ？　しかもこのじいさん、ただものじゃねえ。腕が立つ野郎だ。こそこそ後をつけられるのは気分が悪いな。誰なんだ」

――と、その一瞬の隙をついて、近藤は駅の方に向かって逃走した。外見からは想像もつかない機敏さで、人の流れをひょいひょいかわしていく。吉田と白川が追いかける。すると目の前から近藤が消えた。

「どこだ？」

しかし、近藤は消えたのではなくて、倒れていた。白川は、倒れた近藤に駆け寄って、呼吸と心拍を調べた。

「すみませーん！　誰か来てください！　ＡＥＤを持ってきてください！」

白川の大声が駅に響いた。


「十年ぶりくらいだと思うのですが、事務所の中の雰囲気が全然違っていて、びっくりしました」

組の事務所の中に入った橘が言った。

「そうだったか？」

「前は、本当に映画のセットみたいに、『そういうところ』っぽかったですが、今は普通のオフィスですね」

「まあな。やっていることもずいぶん変わった。あの神棚が少し変わってるだけで」

「そうですか。それはあまり深く聞かないようにします。ともかく、このたびは久しぶりに連絡し、まったく関係のない話で助けていただきまして、ありがとうございます」

「それを言いに来たのか？　もうわかったから早く帰りな」

「そうします。ちなみにヨシダの方は――」

「ああ、心配ない。もう何もできない。ちょうどウチが一つ貸しのあるところの下だったからな」

「ありがとうございます」

「あんたも社長さんらしいから、一つだけ教えてやるよ。世の中、貸し借りを大事にしなきゃいけないが、借りちゃいけない相手ってものがある」

「はい、肝に銘じます。今回の件は、借りになるんでしょうか」

「――いや、こっちが昔の借りを返した。これでチャラだ」


事務所の外に出た。橘は携帯の電源を入れ、すぐに連絡先からボスを削除した。そして池田に電話した。

「こちらはうまくいった。もう大丈夫。吉田は何もできないよ」

「ああ、良かったです。こっちはコンさんからの連絡がなくてやきもきして――え、なに？　なに？　コンさんがどうしたって？　倒れた？　社長、ちょっと混乱してるので、後でまた電話します！」

秘書室への電話は白川からで、山口が受けた。近藤は一時心肺停止となったが、倒れたのが駅近くだったこともあり、すぐにＡＥＤを使い蘇生に成功している。詳しいことはわからないが、救急車で紫門医科大学病院に緊急搬送されることが決まった。白川はそのまま付き添うとのことだった。

山口はすぐに、社長室で待機していた池田に伝え、続いて近藤の夫人と、橘に電話をし、この緊急事態を伝えた。

池田は、朋美とともにタクシーで病院へ向かった。池田の頭の中には「心肺停止」という大きな四文字がグルグル回っている。「蘇生」という言葉も確かに聞いたのだけれど、そこには意識が向かわない。笑顔で横たわっているが、心臓と肺が動いていない近藤を想像しては怖くなっていた。

――コンさん、「橘フリージア」はこれからが本番です。近くで見ていてください。コンさんのように、ナンバー2としてフリージアを盛り立てていくところを……書きためたノートを読んで、もっとリーダーについて教えてください……。

朋美が池田の手を握った。

「蘇生したなら大丈夫。近藤さん強いから」

朋美に励まされ、池田はうんとうなずいた。

池田が電話を切ってから、山口からあらためて電話がかかってくるまでの間、橘は、タクシーを拾い、事情を説明し、行き先を告げずに待ってもらっていた。その時間は永遠と思えるほど長く感じられた。

ほんの少しのことなのだろうが、池田には道路が大渋滞しているように感じた。

橘は都内の道に精通していた。運転手に次々と抜け道を指示していった。

池田は、病院がもう見えているのに、赤信号で停止するのが耐えられなかった。

「大丈夫、大丈夫。落ち着こうね」

また朋美が握る手に力を入れてくれた。ようやくタクシーを降り、総合受付で病室を確認し、向かう。遅い遅いエレベーターで上がり、長い長い廊下を通り過ぎる。病室外の待合い室に、橘がいた。

「呼ばれるまで、こちらで待機だそうだ」

白川が、両手を組んでその上にあごを乗せて座っていた。

「白川さん、適切な処置をされたようですね」

「池田さん、いろいろすみません。吉田は消えちゃいました」

「いいんですよ。もう社長が手を打ってくれました。彼はマスコミにもネットにも、何もできませんから、安心してください」

白川は驚いた顔で池田を見た。そしてふうっと大きく息を吐きながら、肩を下げた。

家族が通され、ようやく見舞客も通された。一命を取り留めた近藤は、これから精密検査を受けることになるが、とりあえず命に別状はないそうで、もうすでに意識もハッキリしている。

「心配かけてすまなかったね。生きて帰ってこられたよ。そうしたら声まで治ったよ。これからはもう隠居して、家内とゆっくり過ごすことにするよ。ありがとう」

近藤の笑顔と、久しぶりに聞いた肉声に、みんながほっと胸をなで下ろした。

エピローグ

近藤喜和が亡くなったのは四月だったから、もう一年になる。吉田から逃げようとして倒れた時からは十一年生きて、享年七十五歳。やるべきこと、やりたいことをやって亡くなったのだから遅いも早いもない。ただ天寿を全うしたのだ。「コンさんの最後の愛弟子」と呼ばれた池田俊一はそう思う。

その間、フリージアにどんなことがあったかを振り返っておこう。フリージアの一大プロジェクト「新世代P」は、橘とその右腕・池田によって徹底的に押し進められ、完成した。新スローガン「美味しさは幸せ」を旗印にし、白川の活躍によって実現した株式上場も発展の重要なファクターになった。

そのプロジェクト初期において、フリージアの企業価値をもっとも高めたのが、「ローカル・フレッシング事業」だった。発端は、淡路島のタマネギをすりおろした和風ドレッシングのヒットにあった。この業務用プレミアム・ドレッシングは、『道の駅』

や生鮮直売所、地域活性化イベントなど、近畿地方・中国四国地方の催事限定で、野菜サラダとセットで販売した。その後も各地域名産のフルーツやスパイス、油、香料など、鮮度が重要な「ご当地ドレッシング」を次々に開発。「この場所でしか食べられない新鮮な美味しさ」を表す「ローカル・フレッシング」という造語を提唱した。これが当初、近畿、西日本でブームになり、すぐに全国規模のムーブメントになった。既存の催事会場で展開されるだけでなく、フリージアが主催する「ローカル・フレッシング・イベント」がまさに引く手あまた、全国で行われるようになった。いつしかドレッシング会社から、「地方農業振興の旗手」という存在感が定着した。これを大きな契機として、社会からの期待が大きくなったことがフリージアの爆発的成長のスタートだった。

また特筆すべきは、首都圏と阪神間を中心に展開していた人気のクッキングスクールを傘下に収めたことだろう。これは高齢女性に豊かな食生活を提案する『L70計画』の中核事業として着手され、地味ながら国内市場のベースとなる大成功に繋がった。

橘と池田の奮闘による組織作りに、フリージアの強さの秘訣があったのは間違いない。「全員企画」「全員販売」も強みだったが、権限と自由度を極力下層に与え、上層の管理にこそ効率を追求した点にある。リーダーがのびのび、活き活きと力を発揮し、それを見たメンバーがリーダーのようになりたいという欲求を持つ。その企業人の自然な成長サイクルが、そのまま事業の成長サイクルに結びついていった。また、組織強化の基礎になった社員教育も見逃せない。それは山沢が提案し、実行した社員教育プログラムだった。

次々と新事業を開発するだけでなく、食品加工会社や、医療用のデリバリー会社などもM＆Aで傘下に収め、いまや総合食品企業フリージア・グループを形成するに至った。最近では、国際的な食品企業グループとも連携し、「日本が誇る、世界のフリージア」と呼ばれるまでになった。九十億円程度だった年商も、いつしか一千億円の大台に乗るところにまでできていたのだった――。

そんな、二〇二二年。ここ東京・代官山に、ある会社が生まれた。その名を「大山食味研究所　フードビジネス・デザインセンター」という。代表取締役を勤めるのは、食味研究家の池田朋美。それとマネージャーが一人。合わせて二名だけの小さな会社だ。

そのめでたい門出に、橘勇一郎がお祝いにかけつけた。橘は一昨年、フリージアの社長を退任した。十分な成功を成し遂げ、内部から後継者を選び、道を譲ったのだ。社長に就任した時から、「後継者選びが最大の任務」と自分に言い聞かせてきた。後任は四十五歳と若いが、これは自身が社長になった時と同じ。安心して託すことのできる人物だった。

充電期間を経て、橘もまた新たな門出を迎えようとしていた。フリージアの常務だった三浦の陣頭指揮で、フリージア発祥の地、神戸・御影にオープンした『ヴィータ・フェリーチェ御影』で働く決心をしたのだ。

店内には、三浦がこだわった「大山食味研究所」時代のインテリアが残り、古い写真が何点かパネルにして貼られている。三浦は同店の開業後、フリージアの取締役を退き、同店に勤め、最終的にマネージャーになった。六十五歳で退職するにあたり、後任のマネージャーとして橘に声をかけたのだ。ちなみに橘は、一生働かなくても生きていけるだけの蓄えは持った。だが、「それは、そっちの方が面白いですね」と、二つ返事で引き受けた。橘は今五十七歳。若い時とはまた違う接客ができるだろうと、久々のレストラン勤務を今から楽しみにしている。

池田朋美は、俊一と結婚後も仕事を続けた。秘書室から企画本部、続いてメディア事業部へと異動し、レシピウェブサイト「ハッピー・クッキング」に携わりながら、料理を学んだ。その後、独立してフリーに。今や料理の創作や、ちょっとした組み合わせで新しい美味しさを作り出す「食味研究家」として、メディアから引っ張りだこだ。子育てしながらの仕事はなかなか大変だったが、最近は夫の俊一が家を守ってくれている。朋美は、これから自分が創り出す味で、もっともっと世界を幸せにできると思うと、ワクワクしてつい笑顔になる。

池田俊一もまた新しい挑戦の時を迎えていた。

一昨年、橘が社長を退くのと同じタイミングでフリージアの取締役副社長を辞めた。橘と同じように、自身の後任となるナンバー2は、手塩にかけて育ててきた。営業畑のその女性に、池田は「コンさん営業の神髄」を授けていたのだ。

後進に指導する時、池田は必ずコンさんのノートを参考にした。そんな時、現場で体験させようというコンさんの狙いが理解できた。橘とともに経営判断に迷った時も、二冊のノートをめくり返してコンさんの言葉を探した。そこに答えが書いてなくてもコンさんの声が聞こえてきた。


池田家も食べていくのには困らないほどの蓄えはできた。むしろあってもトラブルを招くような資産は、様々な基金や財団に寄付をしている。これは橘も同じだ。大きな寄付先の一つに、大山嘉子・美恵母娘が運営する大山一郎記念食味基金がある。

そして今、池田も充電期間を経て、この「大山食味研究所　フードビジネス・デザインセンター」の取締役マネージャーとして新たなスタートを切る。朋美をサポートすることが、池田の新しい仕事だ。「最高のパートナー」であることと、「最高のナンバー2」であることが、また池田の生き甲斐になる。今回の目的は、池田が世界で一番好きなもの、「朋美の笑顔」を一回でも多く創り出すこと。年を経ても大切さは変わらない。だからまた今、この仕事に夢中になれる——池田は頬に明日の風を感じていた。

完

あとがき

本書を手に取り、ページを開いてくださったことに心より感謝申し上げます。

「人材がいなくてね」「人材が育たない」

いろいろな会社の幹部の方とお話ししていると、よくそんな話題になります。どこの会社でも切実な課題です。「ヒトがすべて」と口を揃えます。しかし、具体的なパフォーマンスが明確な「モノ、カネ」とちがい、「ヒト」はそう思うとおりにはなりません。考え方、心理状況、人間関係などあらゆる要因により、パフォーマンスが大きくちがってしまいます。そのせいでしょうか、テンコ盛りにスキル研修をやったり、やみくもに「スカウト」に走る会社も多いようです。

リーダー開発のモデルとして注目されているもののひとつに、米国陸軍士官学校（ウエストポイント）のリーダーシップ教育があります。軍隊のリーダーはスカウトで連れてくるわけにはいきませんので、自前で育てるしかありません。育成のポイントは、『BE・KNOW・DO』の三つ。自分のあり方を質し（BE）、知識を得て（KNOW）、行動・実践する（DO）。これがリーダーシップ育成の極意だといいます。単なる「スキル偏重」の物知りにせず、考え、行動をともなってリーダーシップが出来上がるというわけです。

こう書いて、ある出来事を思い出しました。私は、大学卒業後、大組織に身を置き約二十年。次に、オーナー創業者が一代で築き上げた別業種の大会社に移り十余年。そして今度は、それまでともまったく別業界の会社のトップとして、仕事をすることになりました。親会社から切り離され、独立を余儀なくされた中堅会社。それを再生させ、次の成長軌道に乗せることが私の任務でした。その会社に来て、まだ日も浅いある日。部課長クラスの四人が私のところに来ました。「強いリーダーシップを発揮してほしい」「早く数値目標を出してほしい」「そうすれば、我々は目標達成に向けて頑張ります」……そう言います。

数値目標は確かに大切。達成しようとする行動意欲は大いに買います。しかし数値目標だけでは、その「目標」以外への視点を失いかねません。しかも、それがいきなりのトップダウンではなおさらです。むしろ、まず大切なのは先ほどの「BE」でもある「この会社は、何のために、誰のためにあるのか」を明確にすること。つまり、「目的」

の共有が最優先だと考えていました。その上で、「目的」達成のための「目標」が設定され、組織が動く。各階層ごとのリーダーが自律性を持って活き活きと動き、皆を巻き込んでいく……。親会社の後ろ盾を失ったばかりのこの会社にとって、こうした姿になることが、大きく飛躍するために必要なことと考えていたからです。結局、その四人を含めたたくさんのメンバーとのディスカッションを経て、「目的の共有化」を進めることができたのでした。

人は必要に迫られたり、ワクワクするような意義を見出した時、どんどん成長していきます。そのためには、まずは徹底的にあり方を考え、「目的」にこだわること。そして現場の一人ひとりが、活き活きと行動できる環境をつくること。それが自律的な強い組織風土づくりにつながります。階層に応じて求められる機能と行動に違いはあるにしても、組織を貫き基盤となる価値観を一致させていったならば、リーダー人材はその過程で育つものではないでしょうか。

「会社とリーダーの成長とは何か――」本書は、私の体験から得たこと、信条としていることに物語を乗せたものです。ストーリーを追いながら、一緒に成長を仮想体験し、リーダー像やマネジメントについて考える機会となれば嬉しいところです。それが「いい仕事」「いい人生」に繋がっていくことを願っております。

本書をまとめるにあたって、多くの皆さまからご示唆やご助言をいただきました。すべての皆様にお礼を申し上げます。思い立ってから促してくださったのが、財界研究所の芝原公孝取締役。そして、編集・構成を担当していただいた菅野徹さんには、数々のご指導を得ました。途中でメゲそうになった時の適切なアドバイスや励ましがあって、ここまで来ることができました。出版をお引き受けくださったリーブル出版の新本社長と坂本取締役出版事業部長との出会いによって、本として世に出せることになりました。この場をお借りして、深く感謝申し上げます。最後に、私を見守り、声援を送ってくれている両親と妻に改めて感謝をいたします。

二〇一六（平成二十八）年六月

鈴木孝博

※登場する人物、会社・団体名はすべて架空のものです。

【参考文献】

・シュンペーター『企業家とは何か』　東洋経済新報社　1998年
・吉川　洋『いまこそ、ケインズとシュンペーターに学べ―有効需要とイノベーションの経済学』　ダイヤモンド社　2009年
・秋元　征紘『なぜ今、シュンペーターなのか』　クロスメディア・パブリッシング　2015年
・クレイトン・クリステンセン『イノベーションのジレンマ―技術革新が巨大企業を滅ぼすとき』　翔泳社　2001年
・岩井　克人『会社はこれからどうなるのか』　平凡社　2003年
・P・F・ドラッカー『新しい現実』　ダイヤモンド社　1989年
・P・F・ドラッカー『[エッセンシャル版]マネジメント―基本と原則―』　ダイヤモンド社　2001年
・國定　克則『究極のドラッカー』　角川書店　2011年
・小宮　一慶『ドラッカーが『マネジメント』でいちばん伝えたかったこと。』　ダイヤモンド社　2011年
・竹村亞希子『リーダーの易経』　PHP研究所　2005年
・岩田　松雄『「ついていきたい」と思われるリーダーになる51の考え方』　サンマーク出版　2012年

・渋谷昌三『「この人についていこう!」と思われるリーダーになる心理法則』PHP研究所　2013年
・柴田励司『社長の覚悟』ダイヤモンド社　2015年
・田口佳史『リーダーに大切な「自分の軸」をつくる言葉』かんき出版　2013年
・大橋武夫『リーダーとスタッフ』プレジデント社　1983年
・吾郷喜重『海軍と経営』ビジネス社　1985年
・石田英司『自衛隊式 最強のリーダーシップ』KADOKAWA／中経出版　2013年
・手島直樹『まだ「ファイナンス理論」を使いますか?』日本経済新聞出版社　2012年
・嶋口充輝『戦略的マーケティングの論理』誠文堂新光社　1984年
・楠木建『ストーリーとしての競争戦略』東洋経済新報社　2010年
・國領二郎『ソーシャルな資本主義―つながりの経営戦略』日本経済新聞出版社　2013年
・小山田眞哉『本当はおいしいフードビジネス』ダイヤモンド社　2015年
・吉本佳生『L70を狙え!』日本経済新聞出版社　2014年
・大江英樹『定年楽園』きんざい　2014年
・大川功『予兆』東洋経済新報社　1996年

著者プロフィール

鈴木孝博●すずきたかひろ

慶應義塾大学商学部卒。野村證券、ＣＳＫ、ＣＳＫホールディングス副社長、ＵＣＯＭ社長等を歴任。現在、（株）発現マネジメント代表取締役。新規事業を企画立案するかたわら、ベンチャー企業数社の社外役員等も務め、若い経営者の育成・支援に手腕を発揮している。

左遷社員池田《させんしゃいんいけだ》 リーダーになる
昨日《きのう》の会社《かいしゃ》、今日《きょう》の仕事《しごと》、明日《あした》の自分《じぶん》

発行日——２０１６年７月20日 初版第１刷
２０１８年２月１日 第４刷

著者——鈴木孝博
構成——菅野徹
発行人——新本勝庸
発行——リーブル出版
〒７８０—８０４０
高知市神田２１２６—１
ＴＥＬ０８８—８３７—１２５０
装画——ヤマサキハジメ
装幀——島村学
印刷所——株式会社リーブル

定価はカバーに表示してあります。
落丁本、乱丁本は小社宛にお送りください。
送料小社負担にてお取り替えいたします。

ISBN 978-4-86338-152-0